于云南实践的 小学语文 教学研究

周均东 著

知识产权出版社

全国百佳图书出版单位

——北京——

图书在版编目（CIP）数据

基于云南实践的小学语文教学研究/周均东著. —北京：知识产权出版社，2021.1
ISBN 978 – 7 – 5130 – 7335 – 6

Ⅰ.①基… Ⅱ.①周… Ⅲ.①小学语文课—教学研究 Ⅳ.①G623.202

中国版本图书馆 CIP 数据核字（2020）第 248407 号

内容提要

本书以中小学"国培计划"项目的实施为依托，以云南省小学语文教师及其语文教育教学实践为观察和研究对象，以新课程理念为指导，相对集中地讨论了三个内容：一是小学语文教师素养存在的问题及提升方法；二是小学阶段的识字、拼音、写字教学探析；三是小学语文阅读教学研究。本书试图从理论和实践相结合的角度，给奋战在教育教学一线的乡村教师提供变革小学语文教学的基本理念、基本思路和基本方法，从而促进小学语文教学内容的不断更新和教师教学行为的持续改进并切实提高学生的语文能力和阅读水平。

责任编辑： 冯　彤	**责任校对：** 谷　洋
封面设计： 张革立	**责任印制：** 孙婷婷

基于云南实践的小学语文教学研究

周均东　著

出版发行：知识产权出版社有限责任公司	网　　址：http://www.ipph.cn
社　　址：北京市海淀区气象路 50 号院	邮　　编：100081
责编电话：010 – 82000860 转 8386	责编邮箱：fengtong23@163.com
发行电话：010 – 82000860 转 8101/8102	发行传真：010 – 82000893/82005070/82000270
印　　刷：北京虎彩文化传播有限公司	经　　销：各大网上书店、新华书店及相关专业书店
开　　本：787mm×1092mm　1/16	印　　张：14.75
版　　次：2021 年 1 月第 1 版	印　　次：2021 年 1 月第 1 次印刷
字　　数：185 千字	定　　价：69.00 元
ISBN 978 – 7 – 5130 – 7335 – 6	

导言　小学语文教学研究永远在路上

2013—2019 年，按照国家教育部及云南省教育厅的统一部署，全国绝大多数地方师范院校都参与实施了以提升中小学教师专业化水平为目标的"国培计划"项目。笔者作为云南省实施"国培计划"项目的"种子教师"和指导专家，2013 年在北京大学参加了中小学语文教育教学与教师专业化成长的专题培训。返回工作岗位后，尝试构建了"地方师范院校教师＋地方教育主管部门教研员＋中小学一线教师"的培训团队，主持或参与完成了 7 批次的小学语文教师培训任务——包含本科生置换顶岗实习、学员（小学一线教师）进校研修、导师及学员送教下乡指导等实施阶段——取得了一些初步的成绩。基于此，我们拟围绕"切实提高小学语文教师专业化水平"这一中心话题，结合具体的教育教学实践情况，对基于云南实践的小学语文教学做一些深入的探讨和研究。

一、高度重视和聚焦小学语文教学一线的问题

对小学语文学科而言，基于"国培计划"项目实施培训，准备

要求较高，培训任务具体繁重，培训实施环节紧张忙碌。笔者作为高校学科导师，切实提高认识，珍惜机会，逐项对照上级教育主管部门及培训实施的安排和要求，全程贯通地完成了培训指导任务，重点对进校研修环节及各县区的送教下乡环节进行了指导，聚焦学员提出的问题，结合学员的共性及个性要求，认真负责地解答每一位学员提出的问题，既按计划完成了全部培训和指导任务，又收获了一批成果。本书的第一章，从小学语文教师说起，集中讨论了"小学语文教师素养存在的问题及提升方法""小学语文教师的核心素养及实现路径""小学教师要切实激发学生的语文学习兴趣"等问题，希望能给读者带来一些启示。

二、切实突出培训及研修实效并形成自我研究成果

笔者负责培训和指导的学员，大多是各县教育主管部门择优选派的骨干教师，一般都具有 5 年以上的教龄，综合素质较为优秀，都具有服务乡村教育的理想和情怀。为做好这批学员的培训和指导工作，我们针对学员的实际，结合小学语文教学中亟待解决的"如何使用好小学语文教材"等核心问题，从严要求学员认真参加培训，严格按要求完成每一个学习任务，注重每一个学习过程的参与效度，突出每一个培训及学习环节的实际效果。除此之外，笔者以不断提升培训学员的能力和水平为指向，深入小学语文教学一线，认真开展小学语文教育教学研究，收获了一些零散的成果。本书的第二章"延伸：小学识字写字教学探析"，从不同的角度探讨七个具体问题：小学低年级识字教学的难点及对策、农村小学第一学段识字教学的策略、促使低年级小学生轻松识字的几点尝试、新课标视野下的小学一年级汉语拼音教学、哈尼族小学生识字的难点及对策、小学汉

字书写有效教学模式研究、加强小学写字教学的意义及方法。这些问题虽然谈不上宏大，但是很具体，希望对读者有所裨益。

三、教学相长，深入研究语文阅读教学问题

从转变观念及改变教育教学行为的角度讲，我们及学员过去对"国培计划"的政策及实施措施理解都不够深入，通过这次培训，我们发现，要提升乡村教师的水平，实施"国培计划"项目是一个非常重要的抓手，宣威市、巧家县等区域的成功实践表明，通过"国培计划"项目的实施全面提升小学语文在职教师的教育能力和教学水平，可能是目前最有效、最实惠的依托平台和推进方式。综合起来看，跟学员一起参加学习和培训，是精神的盛宴，是思想的集萃，是高端的资源分享和推广，过程虽然艰苦，但收获颇多，充分体现了新担当、新作为、新收获的时代要求。

比如，我们至今难忘实地深入小学语文教学一线观摩课堂教学的一些精彩历程。

2019 年 1 月 7 日天气十分寒冷。笔者按计划带领巧家县小学语文学科 13 人团队来到麒麟小学跟师研修。代连峰老师热情引导我们参观了麒麟小学的校园文化建设，观看了学校的宣传片。当天 13 人团队聆听了李娟老师执教的五年级上册 16 课《桥》的第二课时研究课、代连峰老师的《构建小学语文阅读教学高效课堂》和李昭美老师的《向专业化幸福前行》专题讲座。研究课的讲授精而准，知识和技能并重，情感和朗读相融。专题讲座，理论联系案例，让学员听而受益，益而欲行。

2018 年的乡村教师培训跟岗研修"同课异构"展示课也令人难忘。那次"同课异构"展示课的主题为《坐井观天》和《圆明园的

毁灭》。第一、二节课，分别由来自巧家县崇溪镇中心学校的何明坤老师和曲靖市沿江街道示范小学的赵慧敏老师执教。她们从各自的角度向我们展示了不同的教学风采。何明坤老师结合本次学习的收获，立足寓言文体《坐井观天》，大胆尝试在小学低段进行群文阅读教学，她的教学值得我们深思。赵惠敏老师立足寓言《坐井观天》教材引导学生分别从听、说、读、写、拓等方面生动诠释《坐井观天》所揭示的多维道理，丝丝入扣地组织教学，让整堂课一脉贯通，自然流畅。三、四节课，分别由来自永善县墨翰中心校的赵娜和"代连峰名师工作坊"成员刘华丽执教。两位来自不同地方的老师，分别立足《圆明园的毁灭》这篇四年级的课文，别开生面地为我们展示对文本的不同理解及对课堂的不同驾驭和组织。赵娜老师"一感一抓"的教学策略，使学生感受到了"不忘国耻，振兴中华"的使命和责任。刘华丽则立足《圆明园的毁灭》课文的活动式学习的组织，妙、巧、奇地组织课堂，通过多种方式让学生在课文的阅读中，充分感受圆明园建筑的宏伟、精美和不可复制，从侧面让学生感受英法帝国主义的野蛮、贪婪、无耻，为下文的"毁灭"教学做下了合理的铺垫。下午 2 时 30 分，参训学员分别对上午的四节课进行了点评，我对四节课进行了点评和总结，学员觉得受益颇深。

还值得回忆的是，两节口语交际研究课。第一节课是由来自曲靖市麒麟区麒麟小学的张丽萍老师执教的《商量》口语交际教学。张老师通过安排闯关游戏激发学生说话，让学生理解"商量"，知道什么是商量，商量应该注意什么，并且进行案例表演，让学生在轻松愉快的活动中发挥自己的口语表达能力，学生受益，听课的老师收获多。第二节课，是由来自"代连锋名师工作坊"的张永昆老师执教的《讲童话故事》口语交际教学。张老师抓住学生喜欢读童话故事的心理组织教学。在教学中通过学生学习过的童话故事为导线，在了解童话故事特点的前提下，借助老师提供的四幅插图编讲童话故事，整个课堂轻松愉快，富有创造性的一个个童话故事让老师们惊叹不已。参训学员对上午的两节课进行了点评。两次点评活动每个老师都发了言，人人都在现场得到了锻炼。这既是笔者作为导师的要求，也是学员的自觉行动。随后，笔者引导学员重点思考：学名师的什么？怎么看名师的优点？怎么认识名师的不足？怎么向名师学习？这些重要问题确实既是学员听"研究课"要思考的"大问题"，也是学员听"研究课"需要关注的"小角度"。

本书的第三章"拓展：小学语文阅读教学研究"的主要内容就是对上述实践性经历或片段的总结、反思、提炼及提升，核心是聚焦小学语文阅读教学，从不同的角度思考、研究阅读教学，试图给一线的小学语文教师们提供一些改进小学语文阅读教学的理念、思路和方法。

四、走进贫困县，增进了对乡村教育的感情

这里仅对深入昭通市巧家县的经历做一些记述，以便说明我们要阐述的问题。

巧家县与曲靖市的空间距离并不太远，我们对它却不太熟悉。它东与曲靖市会泽县接壤，南与昆明市东川区毗邻，西与四川省凉山州会东、宁南、布拖、金阳等县隔金沙江相望，北与昭通市昭阳区、鲁甸县隔牛栏江相望，地处滇川两省腹心地带，历史悠久。全县下辖 16 个乡镇：也就是白鹤滩、药山、大寨、茂租、东坪、小河、新店、老店、马树、崇溪、蒙姑、金塘 12 个镇，还有红山乡、包谷垴乡、炉房乡、中寨乡 4 个乡。巧家县地形以山地为主，山地面积占全县总面积的 98.9%。山高谷深，海拔高差大，地形地貌复

杂，属于国家的重点扶贫攻坚地区，亟待通过"扶智"工程的实施，切实提升扶贫攻坚的质量和水平。

据巧家县教育局有关领导介绍，2018 年全县共有各级各类学校292 所，其中普通高中 2 所，完全中学 1 所，初级中学 12 所，九年一贯制学校 8 所，县直完全小学 2 所，乡镇中心学校 11 所，村级小学 179 所，小学教学点 61 个，职业中学、教师进修学校、特殊教育学校各 1 所，公办幼儿园 5 所（含乡镇中心幼儿园 4 所），民办幼儿园 8 所，民办教育培训机构 2 个，全县各级各类学校在校学生 99390人，小学生 51158 人；全县共有教职工 4719 人，其中幼儿教师 313人，小学 2504 人，初中 1400 人，高中 502 人，义务教育巩固率 80.02%。

2019 年 4 月 10—14 日，笔者作为高校导师，乘大巴车到巧家县指导"送教下乡"工作。巧家县的小学语文学科"送教下乡"分两个阶段安排，第一个阶段在药山镇中心学校及药山镇中心开展，120多位种子教师参加培训。通过 5 天的指导和观察，我们梳理总结出了巧家县国培计划"送教下乡"活动的几个比较鲜明的特点：一是坚持以习近平新时代中国特色社会主义思想为指导，领导高度重视，教育体育局认真落实各项要求，安排部署井然有序。二是以"持续推进教育公平、稳步提升教学质量"为追求组织落实"送教下乡"培训，他们认为，教育是最大的民生工程，坚持科学规划，补齐教育事业短板。三是把"送教下乡"活动作为"促进义务教育均衡发展"的主要措施抓紧落实，投入大量资金用于改善义务教育办学条件，努力缩小区域、城乡、校际差距，提高教育公共资源均等化服务效率，进一步缓解城区义务教育入学压力，落实义务教育划片就近入学政策，得到了云南省教育主管部门的充分肯定。

这些至今难以忘怀的经历，仅是我们走进贫困县"送教下乡"

的一个缩影，它不但丰富了我们的人生经历，而且增进了我们对乡村教育的感情。

五、小学语文教师的研修及语文教学的研究永无止境

一是学习永无止境，研修永无尽头。为促进学员后期的自主学习和研修，笔者给学员开出了两个自主研修资源包：第一个是《小学语文教育学》等20本著作，第二个是《教师如何用好统编小学语文教材》等30个思考题，还给学员提供了获取这些具体研修资源的路径。我们应该本着学习研修永远在路上的精神，引导学员认真结合工作实际积极开展自主研修，不断充电，不断提高，把教师的职业理想变为实实在在的行动。

二是要在转变观念上提高认识。最难转变的是观念，我们深深感到：由于受思维定式等因素的影响，很多人会自觉或不自觉地抗拒变革。因此观念是最难转变的东西。我们要成为能思考、会表达、有创新能力的骨干教师，终身坚持学习、不断转变观念显得非常重要；我们要学会抛弃过去的某些模式，勇于迎接新的观念甚至是新的变革。

三是在乡村小学用好统编小学语文教材应成为培训重点。目前，统编小学语文教材已经全面使用，我们作为一线教师，对教材却知之不多。从小学语文教学一线的需要考虑，我们更应该在学习理解统编教材上有所作为。我们要抓住国家支持义务教育均衡发展的重大机遇，重点提高50岁以下骨干教师的学历层次、教学水平和教研能力。

四是要切实强化教师实践性的培训。一线的小学语文教师走出去学习、交流的机会太少，参加有针对性的培训的机会更少。基于

此，我们将积极建议教育主管部门，充分整合师资培训资源，使其发挥综合效益，有针对性地开展教师培训，力争取得更好的培训效果，不断提高教师的执教水平。

五是高校教师及有关专家要持续跟进指导，推动小学语文教学的变革和创新。我们一方面要学习发达地区的做法，另一方面要高度重视教学改革，逐步推动乡村学校小学语文的教育教学水平向更高层次发展，并迈上新的台阶。

总之，小学语文教学研究永远在路上。本书的内容仅是作者基于自我及团队在云南的实践，持续开展小学语文教学研究的某些成果的汇编。不足在所难免，请读者不吝赐教，以便我们不断反思、总结和改进。

目录 |Contents

第一章
引论：从小学语文教师说起

本章主要讨论三个问题：
➢ 小学语文教师素养存在的问题及提升方法
➢ 小学语文教师的核心素养及实现路径
➢ 小学教师要切实激发学生的语文学习兴趣

小学语文教师素养存在的问题及提升方法

阅读提要：小学语文教师素养的锤炼和提升是一个永恒的话题。奋战在教学一线的小学语文教师，一方面要直面自身素养存在的问题，不回避，不抱怨，不放弃；另一方面要直面现实，以问题为导向，采取切实有效的行动和措施，不断提高自身素养，努力为办好人民满意的小学教育服务。

《中国教育改革和发展纲要》指出："谁掌握了 21 世纪的教育，谁就能在 21 世纪的国际竞争中处于战略主动地位。"这既是新时代对教育提出的新呼唤，也是国家对教育活动的具体实施者提出的新要求。每一个教师都面临着一个新的"角色学习""角色规范""角色适应"和"角色创造"的问题。随着新课程的持续推进，随着各种新教材及统编小学语文教材的相继使用，许多具有鲜明时代特色的教育教学理念应运而生，与之相伴随，小学语文教师的教育教学生活必将焕发出新的活力。一般认为，在新的形势下，小学语文教师要成为教育研究、教育实践、教育创新和不断发展的专业工作者。[1]因此，具备什么素养的语文教师才是适应现实需要的合格的小学语文教师，是一个需要深入研究及实践的问题，在此，我们结合云南省小学语文教师的教学实践及成长经历，重点讨论小学语文教师素养的不足及其提高自身素养的途径和方法。

一、小学语文教师素养存在的问题

众所周知，小学教师的主要任务是教书育人。但长期以来，因为日常教育教学工作过于繁重，使得很多小学教师几乎没有时间去学习新的知识，几乎没有时间去认真反思自己的教育教学行为，于是就形成了某些"画地为牢"的思维定势，或者"不识庐山真面目，只缘身在此山中"的迷茫现象。[2]从总体上看，云南当下的小学教师尤其是小学语文教师存在的主要问题是：教育观念及教学方法相对落后和陈旧；教育教学研究意识淡薄，自我提高意识不强；对现代教育技术不够熟悉，运用能力不强。

（一）教育观念相对滞后，教学方法略显陈旧

长期以来，许多小学教师受自身思维方式、业务水平的影响和周围条件的限制，已经"习惯"了许多传统甚至僵化的教学模式和教学方法，导致了许多弊端。如教学目标设置固化，启发学生思考方式单一，课堂讨论流于形式，学生的有效练习偏少，教师几乎不写"下水文"❶，等等。又如，课文串讲始终沿袭写作背景、作者简介、词句分析、段落大意、中心思想、写作特点的套式，教师平铺直叙，依次开讲，娓娓而谈，有时还自鸣得意，学生却昏昏欲睡，收获甚微。有些学校的老师，虽然在此基础上做了一些新的变革，也不过是把上述教学方式转换成一连串的小问题，上课方式就是对这些问题的问和答。不难设想，随着小学语文统编教材的使用，如

---

❶ 在这里是指像游泳教练教运动员游泳必先下水示范那样，语文教师教学生学写作文，也要与同学们一起写作、亲自实践并将形成的文本向学生展示或示范。

果依然沿用老一套的教学模式和教学方式方法开展小学语文教学，那么新的语文课程思想、课程目标、学习理念等的实践化只能是一句空话，自主学习、合作学习、探究学习等方式只能流于形式。

新的语文课程标准强调以育人为本，以学生发展为本，重视培养学生的良好个性和健全人格，再一次强调了学生作为学习主体的能动性，要求教师关注学生的个性差异及其不同的学习需求，即学生只有个体差异之别，没有差生、优生之分。这些观念体现了时代发展对小学语文教育的崭新要求。实际情况是，由于教师自主学习及地方教育主管部门组织培训不到位，小学教师教育观念滞后、教学方法陈旧的问题普遍存在，很多一线的小学教师很少关注学生的个性差异，错误理解统编小学语文教材的统一性，习惯于用统一的教学模式、统一的练习、统一的试题甚至统一的答案来开展小学语文教学活动，[3]这怎么能培养出有个性差异的人才呢？

（二）教育教学研究意识淡薄，自我提高意识不强

开展教育教学研究是提高教师素质和提高教学质量的必要手段，可以说，没有扎实的教育教学研究就不会有高水平的教学。令人遗憾的是，我们在对云南省很多小学的调查中发现，在不少学校的小学语文教师队伍中，具有基本的教育教学研究意识的教师并不占多数，真正能结合工作开展教育教学研究的小学语文教师更是凤毛麟角。很多小学语文教师在师范院校求学时，虽然学过教育学、心理学及教育教学研究方法与论文写作等课程，但走上小学语文教学的讲台后，由于受多种因素的影响，很快就将教育教学研究的理论及方法忘得一干二净，在教学上还是单凭经验或者说感觉进行，教材和教参是他们唯一的阅读书籍或参考书，教师的阅读量普遍偏少，个别教师甚至一年不读一本专业书籍，很少主动或者尝试运用教育

理论对语文教学本身进行一些思考和研究。

不少教师安于现状，对别人的教改经验和研究成果也不感兴趣，在日常工作中几乎不会主动去阅读课文教改方面的书籍和期刊，自我发展、自我提高、自我创新的意识不够强烈。还有的教师认为，搞教育教学研究既费心伤神，又没有太大用处，只要逼着学生苦读，把考试成绩搞上去，有没有教育教学研究意识无关紧要。显然，这种意识指导下，小学语文老师们一年又一年重复机械的教学活动，很难真正提高学生的语文水平，也很难达成"办人民满意的教育"的目标。

（三）对现代教育技术不够熟悉，运用能力亟待提升

随着党和政府对教育事业的日益重视，云南省的小学像全国大多数地方的小学一样，办学条件发生了翻天覆地的变化，几乎所有小学都配置了现代教育教学设备，可以说教育教学设备已经进入了以互联网为主要特征的现代信息技术时期。但与设备提升同时并存的是，许多教师还只是满足于整天围绕着一本书、一支粉笔、一块黑板的"三位一体"模式运转，不会充分利用教学辅助设备进行多媒体教学。有些五十岁以上的老教师甚至认为，现代教育技术很高深，离我们还远，我们也学不会，用不着掌握这些技术也一样能搞好教学。这些现象说明，某些小学语文教师现代教育技术观念需要彻底转变，他们运用现代教育技术的能力亟待提升。

二、小学语文教师应具备的素养和能力

从总体上看，小学语文教师应具备的素养和能力是一个不断递

增的变量，没有固定的模式。在此，我们仅讨论小学语文教师的人文素养、人格素养、知识素养、能力素养等问题。

（一）人文素养

工具性特征和人文性特征的高度统一，是小学语文课程的基本特点。这意味着，小学语文教育应当在培养现代公民的人文素养上发挥重要作用。显然，这一使命的落实，对作为教学主体的小学语文教师自身的人文素养，提出了新的更高的要求。

具体讲，小学语文教师的人文素养应包括以下内容：一是敏锐、深邃的时代感悟。新的时代要求小学语文张开所有触须，不断获取信息；也就是说，当下社会的各个领域、各个层面、各个门类，都应是语文教师视野所关注的范畴。如果小学语文教师对这些信息进行个性化的吸收，开展独特的反思及体验，进行深入的洞察、思考及批判，则是一种比较理想的状态。二是和谐、优雅的审美品位。这应成为一种追求、一种氛围、一种力量，或者是一种生活及工作的磁场，体现于小学语文教师的仪表、言谈、举止之中，融化于小学语文教师教学内容的呈现、教学手段的选用、教学程序的设计之中。也就是说，小学语文教师要善于通过富有美感的教育过程，培养孩子的情感、态度与价值观，如春风化雨那样，实现对儿童心灵、情感、智慧等的熏陶和滋养。三是独特、鲜明的个性魅力。小学语文教师的个性，一方面应该是独特的，而且这种独特性，应渗透于教育教学的全过程——对语文材料有独特的感悟，对教学素材有独特的运用及呈现方式，对学生的多元反应有独特、优雅的处置办法；另一方面应该是鲜明的，如果独特主要是指向教师的个性，那么鲜明则更多地指向教师个性的某种强度，也就是说，小学语文教师的教学应该烙上其个性化的印记，在一定程度上产生深刻而隽永的效果；小学语文教师独特、鲜明的个性魅力如果运用得恰到好处，将会形成一种强大的正向力量，深刻地震撼学生、感染学生，引领学生健康成长。四是积极、多彩的生活情趣。小学语文教师的生活情趣应该是积极向上、丰富多彩的。具体讲，要富有童心童趣，充满对新鲜事物的强烈而开放的好奇心；要开朗乐观，幽默风趣，充满生活的趣味和机智；要爱好广泛，充满时代动感和蓬勃朝气；要昂扬进步，奋发进取，充满对理想生活的执着追求。这些要素是小学语文教师永葆青春活力的秘诀，也是一种以前经常被忽视的重要教学资源。它将让学生深深感受到教师有血有肉的生活状态及不懈奋斗的灵魂和精神，从而通过长期的熏陶和感染，使孩子们逐步形成自我对生命的理解、对生活的感悟、对人生的信念，以老师为榜样，在更高的起点上实现自我的超越。

（二）人格素养

我国历来重视小学教师人格素养的养成及教育，认为教师人格的塑造不是自发形成的，也不能等同于一般的学历教育及知识积累，只有在实践中长期磨砺，才能逐步养成优秀的人格品质。也就是说，作为育人的主体，小学语文教师必须不断锤炼和完善自身的人格素养，这是关乎小学语文教育成败的根本性问题之一，须臾不能缺失。

进一步讲，由于语文学科本身具有很强的工具性、人文性、思想性、教化性等鲜明特征，也因为小学生处于特殊的生理年龄及心理年龄阶段，这使得小学语文教师要履行好培养、塑造学生完美人格的主体职责，其自身首先必须努力成为"真的种子、善的使者、美的旗帜"，能"诱发、引导学生丰富的内心世界，使每个学生都能认识自身人格发展中的能力、智慧，使他们全身心地投入学习，发挥理智的最大潜能"。[4]学生人格魅力的点滴提升，既基于教师人格素养的尽善尽美，也基于教师对学生的无私爱护、信任和宽容，教师要依靠自身扎实的人格素养功底，千方百计扮演好学生发展的指导者、引路人、设计师等角色，把学习、思考的主动权交给学生，让学生在探索的过程中充分享受成功的愉悦。

（三）知识素养

从理想化的角度看，小学语文教师的知识素养，一方面要渊博。也就是说，要成为一个深受学生欢迎的有知识素养的优秀小学语文教师，既要广泛猎取各种科学文化知识，使这些死的东西在自我的消化吸收过程中生成与自身融为一体的"血肉"，形成自己对生命、对生活、对历史、对社会的独特理解和感悟，又要善于用自己掌握的科学文化知识及其基于此形成的情感、态度及价值观，不断去改变小学语文课程缺乏整合的现状，从而大面积提高语文教学质量。

另一方面，小学语文教师的知识素养要精准。由于小学生（尤其是 1~3 年级的小学生）处于对教师完全或者盲目信任的阶段，教师教给他的每一种知识甚至对他说的每一句话，小学生几乎都百分之百相信，因此小学语文教师的知识素养一定要精准，他给学生传授的科学文化知识，一定要是教师所处的那个时代公认的最科学、最精准、最具有正能量的东西，不能似是而非，更不能消极迷茫，这样才能让学生在特殊的年龄阶段合规律地健康成长。

（四）能力素养

随着教育日益成为社会高度关注的热点问题，人们对小学语文教师能力素养的期望和要求也越来越高，不仅要求小学语文教师要具备敏锐的观察能力、熟练的语言文字运用能力、正确处理教材的能力、合理组织教学活动的能力等普遍性能力素养，而且还要求小学语文教师应具备吸引学生学习的能力、开拓创新的能力甚至国际化交往沟通能力，这无疑对小学语文教师能力素养的提升提出了更大的挑战。事实上，小学语文教师的能力素养是一个不断趋近于完善的动态系统，它本身就是一个不断改进的过程和形态。目前，为了在小学语文教学过程中达成新课程标准倡导或者规定的语文发展目标，培养学生动口、动手、动脑的习惯和能力，使学生真正成为学习的发现者和主人翁，[5]除课堂教学外，小学语文教师更重要的任务是要引导学生主动参与课外语文实践活动，如参观、访问、郊游、编手抄报、演课本剧、传诵文化经典等，把课堂上有字的课本和课外无字的教材有机联系起来，促使学生成为学习过程中的发现者和探究者，有效提高其语文素养。

也就是说，小学语文教师要主动适应时代变革的需求，改变旧有的能力素养观念，重新审视自己的能力素养结构，不断刷新自我，努力调整、完善自身的能力素养，正确处理教师与学生的关系、知识传授与能力培养的关系、课堂教学与活动教学的关系，真正构建好以学习者为中心的教学模式。[6]要主动放弃那种高高在上的"传道、授业、解惑"的古板形象，不断提高亲和力，甚至不断提升颜值，最大限度地吸引学生学习，使学生亲其师，信其道。要开拓创新，自我革命，切实提升现代信息技术运用能力、国际化交往能力等新的能力内涵，做一个具有新形象、履行新责任、承担新使命的小学语文教师。

除此之外，小学语文教师还应该具有较强的获取信息、储存信息、加工信息、处理信息以及创造信息的能力，[7]不断了解和掌握学科发展的新动向。

三、小学语文教师提高素养的途径和方法

在教育几乎成了全民话题的时代，我们发现，有的人常常抱怨现在的教师素质差，常常责怪现在的教师不懂教育，不会教学生。实际上，小学语文教师素养的锤炼和提升是一个永恒的话题。奋战在教学一线的小学语文教师，一方面要直面自身素养存在的问题，不回避，不抱怨，不放弃；另一方面要直面现实，以问题为导向，采取切实有效的行动和措施，不断提高自身素养，这才是比较理智的选择和追求。

（一）从内因的角度看，要立足自我，不断充电，多读书，多写作，多实践，多总结，多反思

优秀教师成长的实践证明，立足自身实际，主动谋求发展，对教师个人的成长显得特别重要。对小学语文教师而言，提高自身素养最有效的方法就是不断充电，不断刷新自我，努力做到"五多"，即多读书、多写作、多实践、多总结、多反思。多读书，尤其是多读各种经典著作，有利于升华人生、净化心灵，更有利于提升综合素质。[8]多写作，尤其是多写"下水文"，有利于体验学生写作的甘苦，更有利于提高运用语言文字的能力。多实践，多总结，多反思，有利于发现自我的不足，及时补足短板，更有利于把自我的实践经验总结提炼成某些经验教训，供其他老师学习借鉴。

可是，目前存在的最大问题是，不少小学语文教师对教材和教学参考资料的依赖性太强，除了课本和教参之外，读书不多，有的甚至几乎不读经典著作；至于写作、总结、反思，更是少之又少，有的当老师十多年，除了教案，几乎没写过任何东西。出现这种状

况的主要原因可能是小学语文教师尤其是乡村小学语文教师教学任务繁重，每天疲于应付教学，很少有时间读书、总结、反思和写作，也可能是不少小学语文教师不善于把自己的实践经验总结出来与同行交流，但最根本的原因恐怕是很多小学语文教师自我革命、自我发展的意识不强，安于现状，缺乏追求卓越的职业愿景。进一步讲，这些状况在日常的语文教学实践活动中的具体表现就是，不少教师的教学没有自我想法和设计，更没有自己的思想和个性，每天讲的大多是教学参考资料上搬来的东西，缺乏自我的体验和感受，大脑成了别人思想的跑马场，长此以往，犯上了"失语症"，当然就无法把自己丰富的语文教学实践经验总结梳理出来并写成文章与同行分享交流。

也有人认为，根本原因在于现行的教师考核制度，它逼得现在的小学语文老师除了迷信课本之外，没有别的有效选择。也就是说，应试教育使得大批小学语文教师疲于奔命，落后的考核机制使得教师没有主动发展的内生动力。几乎只要所教班级的学生表面上的语文考试成绩排在前列，小学语文教师就能不断加薪晋职；如果能够在学校担任某些职位的负责人，那么实惠更多。这样，谁还有心思在提高自身素质上多费精力呢？有人曾经略显激进地说过，"中国不缺想做官的教师，缺的是爱读书的教师。中国不缺搞应试的教师，缺的是有思想的教师。学校能否成为名校，能否为民族培养合格的人才，除了正确的教育方针以外，教师的学养是决定因素"[9]。

从实质上看，不管我们实施的是应试教育还是素质教育，也不管我们的教师考核制度是好还是不好，一个好的教师必须具备深厚的文化底蕴、良好的综合素养，还要具有执着的教育理想、深厚的教育情怀，这可能是大家认同度较高的元素。其中，深厚的文化底蕴是最重要、最难做到的，也是教师最为缺乏的。因为只有具备深厚的文化底蕴，教师才能内源性地生长出教育的理想和信念。对小学语文教师来说，要具有这些东西，立足自我，不断充电，多读书，多写作，多实践，多总结，多反思，可能是比较接地气的选择。如果长期坚持这样做，就会具有批判性地使用教材的能力，就会形成教育智慧。叶澜教授曾说："没有教师的生命质量的提升，就很难有高质量的教育；没有教师的精神解放，就很难有学生的精神解放；没有教师的主动发展，就很难有学生的主动发展；没有教师的教育创造，就很难有学生的创造精神。"[10] 只有当教育者自觉完善自己时，才能更有利于学生的完善与发展。

（二）从外因的角度看，要进一步完善教师终生学习体系，对小学教师的培训要更有针对性，更接地气

应该说，随着教师教育改革的深入推进，我国的教师教育职前培养体系及其培养模式已经发生了根本性的变革，完整构建了以师范大学、师范学院为主体举办教师教育的体制机制。小学教师培养的学历规格已经从过去的中师、专科层次，提升到了本科、研究生的层次；在东部发达地区，还打通了"职前教育"和"职后教育"之间的壁垒，学历与非学历教育并举，在岗培训与自我提高并重，形成了促进教师专业发展和终身学习的现代教师教育体系，小学教师的综合素养有了大幅度的提升，为办好人民满意的小学教育提供了坚强的保障。

但丝毫也不容忽视的是，在我国的广大西部地区尤其是民族贫困地区，虽然国家也推行了"全国教师教育网络联盟计划"，不断促进"人网""天网""地网"及其他教育资源的优化整合，要求发挥师范大学和地方师范院校等举办教师教育的高等学校的优势，共建、共享优质的教师教育课程资源，分级组织实施以新理念、新课程、

新技术和师德教育为重点的教师全员培训，有效提高教师培训的质量和水平，然而，我们在参与小学教师培训的实际工作中发现，由于历史欠账太多、财力有限，也由于教师自我发展的动力不足，可能还因为地方政府要抓的大事较多，很多地方的小学教师的培训并不理想。一方面，没有从制度上构建起小学教师终生学习的体系；另一方面，对小学教师的培训针对性不强，不接地气。更令人担忧的是，有的地方虽然制定了小学教师在岗培训制度，但往往不能"一张蓝图干到底"，换个领导就换一种玩法，老师疲于应付，苦不堪言，效果却不是很好。

基于这些因素，西部落后地区要进一步完善教师终生学习体系，对小学教师的培训要更有针对性，更接地气，需要从三个方面去用力，而且要做到久久为功，常抓不懈。首先教育行政部门一定要为小学教师松绑，在为学生"减负"的同时，更要给教师"减负"，使他们有时间去读书，有精力去参加培训，有动力去不断提升自我；其次要为小学教师创设一个宽松的发展提升环境，使其有自己的职业愿景，愿意追求卓越，甚至主动去追求卓越；最后要用制度保障"一张蓝图干到底"，使一个地方的小学教师培训工作持之以恒，逐渐推进，让老师在培训中获得知识，赢得荣誉，逐步提高自身素质。或许，小学老师一旦有了新的追求卓越的生命动力，就会回报地方政府和人民群众一个迅速提高教育教学质量的奇迹。

参考文献

[1] 武彩连，韩飞. 小学语文教师教学能力素质及其培养 [J]. 语文学刊，2005（6）.

[2] 郭旺焕. 当前语文教师素质存在的问题 [J]. 中学语文教与学，2002（6）.

[3] 中华人民共和国教育部. 义务教育语文课程标准 [S]. 北京：北京师范大学出版社，2011.

［4］杨俏凡. 新课改视界下语文教师的探讨［J］. 现代教育论丛，2005（4）.

［5］程翔. 语文课堂教学的研究与实践［M］. 北京：语文出版社，2000.

［6］朱菊. 走进新课程：与课程实施者对话［M］. 北京：北京师范大学出版社，2000.

［7］陈钟梁. 网络时代语文教学断想［J］. 中学语文教学，2003（2）.

［8］李赤阳. 请多关注语文教师素养提高问题［J］. 语文期刊，2005（8）.

［9］吴非. 课改需要爱读书的教师［J］. 语文学习，2005（1）.

［10］肖川. 以改革的精神反思课程改革［J］. 人民教育，2005（5）.

小学语文教师的核心素养及实现路径

阅读提要：促进小学语文教师核心素养的持续提升，是提高小学语文教学质量的基础性工程。进一步辨析和明确小学语文教师的核心素养观，直面新时代小学教育快速发展的挑战，按照科学的路径开展教育教学实践，是达成提升小学语文教师核心素养目标的主要措施，能使小学语文教师的核心素养由空中楼阁变成实实在在的金字塔。

促进小学语文教师核心素养的持续提升，是提高小学语文教学质量的基础性工程，是小学语文教师应该坚守的专业化发展方向，也是小学语文教师职业成长过程中必须完成的任务。基于这个前提，从两个方面入手，具体探讨小学语文教师的核心素养及其实现路径，或许是一种能够达成目标的理性选择。一方面，充分结合当前小学语文教育教学的实际，进一步梳理和辨析小学语文教师核心素养的内涵和外延，明确小学语文教师核心素养的优势及不足。另一方面，勇于面对新时代小学语文教育教学快速发展的新形势、新挑战，大体上按照"认知—质疑—研究—实践—反思"的逻辑原则和实施路径不断循环探索，有效促进小学语文教师核心素养的持续提升。

一、小学语文教师的核心素养辨析

近几年，"核心素养"是教育领域关注度较高的话题之一，关于教师核心素养、学生核心素养的讨论文献几乎达到了汗牛充栋的程度。[1]但是，从某种程度上看，这些讨论似乎只是学术领域的热闹，很多小学教师对这个问题并不太上心，也很少有兴趣、有精力去参与"核心素养"的探索和争论。也就是说，研究领域的大多数讨论，都还停留在学术层面，很难内化为促使小学语文教师提高自身"核心素养"的真正动力。[2]

事实上，如果抛开大多数小学语文教师不太喜欢的那些烦琐的学理争论，用他们喜欢的表达方式来概括，所谓小学语文教师的核心素养，就是指小学语文教师完成教育教学任务必须具备的关键性素养和能力。在这里，不同区域、不同学校的小学语文教师的自我工作岗位应该视为讨论其核心素养的平台和基础，不能用一个标准衡量所有的小学语文教师，否则这个标准就很难与他们融为一体。或许，把小学语文教师核心素养的共性元素和个性元素一起纳入教育教学实践中去讨论，是一种更切合实际的选择。

不管怎样，我们都必须承认，小学语文教师的核心素养是一个活跃的变量。小学语文教师通过持续不断的学习与实践，不断提升其能力和水平才是其核心素养形成的关键。这些核心素养既包括他们所获得和形成的学科专业知识与教育教学技能，也不缺少小学语文教师依照国家的法律法规自主实施小学语文教育教学的生动实践过程。[3]

也就是说，对小学语文教师而言，这种核心素养的形成既是一种结果，更是一个动态的过程，既是完成时，更是进行时，还可能是将来时。

从过程的角度看，任何小学语文教师都应该是教育教学活动的实践者、反思者和研究者，都应把终身自我教育、自主学习作为其教师生涯的不懈追求，[4]都应把教师职业视为不仅是给予、更是收获的（所谓教学相长）的生命活动。从静态或结果的角度看，小学语文教师的核心素养更多是指他们目前所掌握的学科专业知识，所形成的教师职业素养，所积累的教育教学经验，等等。[5]在具体的教育教学实践中，小学语文教师的核心素养往往内化于他们的言谈举止之间，内化于课堂教学的每一个环节，内化于吸引学生爱语文、学语文的强大动力，所谓春风化雨、浸润熏陶说的都是这个道理。

基于上面的讨论，择其要者而言之，当下云南等边疆多民族地区的小学语文教师主要应具有以下五种核心素养。

一要具有深厚的中外文学修养及其施教技巧。小学语文教师面对的语文教材及其语文教育教学活动是审美特征十分独特的特殊场域，具有一定的独特性和不可替代性。它要求实施小学语文教育教学活动的主体（小学语文教师）必须具有深厚的中外文学修养。一方面，小学语文教材涉及古今中外的诗歌、散文、小说、戏剧、报告文学、童话、寓言、科学文艺等各种体裁的经典文学作品，这就要求"用教材"的小学语文教师必须具有古代文学、外国文学、儿童文学等方面的足够素养，这样才能用好教材，也才能教好学生；另一方面，由于学习和使用小学语文教材的小学生处于特殊的生理年龄及心理年龄阶段，充满求知的渴望和灵性，充满成长的冲动和焦虑，这就要求小学语文教师除了具有深厚的中外文学修养之外，还要具有把文学知识传授给学生的必要技巧，不仅能教给学生工具性色彩极为浓厚的语文基础知识，而且能让学生在生动活泼的语文学习中，最大限度地获得具有人文色彩的经典文学作品的滋养和熏陶。进一步讲，小学语文教师的中外文学修养越深厚，其传授的方式或者引导学生读书的方式越吸引学生，小学阅读经典文学作品的兴趣就会越高，对促进学生成长成才也就越有利。

二要具有较强的文体素养及其教学技能。比如，面对一篇编入不同学段小学语文教材中的经典童话，小学语文教师首先要知道什么是童话，要充分掌握童话的文体特征，要善于积极思考对童话这种独特的体裁应该如何组织和实施教学才能达成教学目标，换句话说就是，小学语文教师面对教材中不同文体类别的课文，应该教出不同文体的味道及特色，不能一套拳法包打天下，不管所教的课文是诗歌、散文，还是童话、寓言，全都整齐划一地用"读一读、讲一讲、练一练"的方式来设计和实施教学；或者不管教什么文体的课文，都仅一味地重视课文中的字、词、句、篇的讲解，甚至只会强迫学生背课文、写生字、抄课文。从表面上看，这种教学方式关注的都是学生语文核心素养的训练，似乎没有太大的问题，实质上这种做法机械粗糙，效果极差。从本质上讲，是由于教师的文体素养不够，不知道如何把握童话类课文的教学，因而严重削弱了语文教学的美感。我们在很多小学听课、评课的过程中发现，小学语文教师处理课文教学的文体意识普遍不强，文体素养亟待提升。可以说，面对信息量很大、语文特征很鲜明的统编小学语文教材，小学语文教师如果忽视了对自我文体素养的重构和追求，就会忽视小学语文教材中每篇课文的情感性滋养意义及审美熏陶作用，就很难教好当下的小学语文。我们强调小学语文教师要具有较高的文体素养及其相关教学技能，一方面希望以此促使小学语文教师学会用不同的手段和方式，有针对性地组织、实施不同文体类别的课文的教学；另一方面希望以此激励小学语文教师不断提高自身的文体素养，不断提高基于课文的文体特点科学合理地上好每一堂课的能力和水平，最终取得"会当凌绝顶，一览众山小"的良好教学效果。

三要具有优雅的语言素养及教学表达方式。或许，作为身处教育教学一线的小学语文教师，应该经常反思的问题是，自己的讲解是否能做到简洁清晰地表情达意？自己的课堂教学是否能运用优雅的语言达成应该达成的教学目标？自己的教育教学表达方式是否能使学生在求知的同时得到语言美的滋养与熏陶？自己对课文的示范朗读是否能做到声情并茂、优雅得体？从实质上看，不论是教师在课堂上对课文的深入讲解还是示范朗读，也不论是教师在校园内的一言一语还是在学习生活中与每一个学生的每一次沟通和交流，都是充满美感因素的教育教学活动，小学语文教师都应当将其视为美感丰沛的重要研究对象，反复体悟其中的审美内涵，然后在此基础上采用适合少年儿童生理及心理成长需要的优雅语言及其教学表达方式，恰到好处地对学生实施教育。换个角度看就是，小学语文教师肩负着神圣的育人使命，应当把每一堂课、每一次交流、每一个场景，都当作自己语言素养修炼的阵地，赋予教育教学活动中的讲解语言、提示语言、对话语言、讨论语言、小结语言等丰富的内涵及优雅的姿态，做到规范精准，言简意赅，真正落实好语文教学的美育功能。如果学生能持续不断地在优美的语言环境中获得浸润与熏陶，就会慢慢地模仿老师的朗读语气、说话方式及交流方法，就会在充分享受优美的语言教育大餐的同时，不断涵养和提升优雅的语言素养。

四要具有扎实的写作素养及指导技能。对小学语文教师而言，写作素养无疑是其核心素养之一。具体讲，小学语文教师一方面要具有基本的写作素养及写作能力，要勤于动笔，敢于写作，善于写作；尤其是每次给学生布置习作题目之后，自己要主动"下水游泳"，带头写"下水文"，这样才能充分体会学生写作的甘苦，找准学生习作中存在的不足。另一方面，小学语文教师不能停留在只会自己写作的层面，还要善于指导学生写作，这一点看似简单，其实很难做好；这也就是很多大文豪不一定会指导小学生写作文的原因。我们相信，一个具有扎实的写作素养及其相关指导技能的小学语文教师，必然会把小学生的语文习作课上得生龙活虎，这必然会对提高小学语文教学质量产生积极的促进作用。

五要具有宽广的文化素养及育人方式。也就是说，小学语文教师的涉猎面要十分广泛，对古代文化、西方文化、中华优秀传统文化、革命文化、影视文化、时尚文化、网络文化等，都要有一定的了解和认识，对地方文化、儿童文化、服饰文化、饮食文化等也要有所涉猎。除此之外，还要熟练地掌握文化育人的方式方法。只有这样，才能夯实小学语文教学的基础，基础越扎实越宽广，语文教学金字塔的塔基就越牢固。反之，如果"基础不牢"，则会"地动山摇"，贻害无穷。

二、小学语文教师提升核心素养的路径

从实践和现实结合的角度看，切实提高新时代小学语文教师的核心素养，强化小学语文教师教育教学能力的训练，既具有重要的现实意义，也具有重要的实践育人价值。如果通过多方面的努力，能够实现师与师、师与生的共同进步、共同提高、共同发展，则是小学语文教学的大幸。

首先，强调和重视教育教学实践是小学语文教师核心素养达成的根本路径。实践出真知，强调教育教学实践的重要性是促使小学语文教师不断提升核心素养的思想基础，重视通过教育教学实践培养小学语文教师的核心素养是达成这一目标的重要抓手和根本路

径。[6]只有思想上真正提高认识，行动上坚持不懈，工作中始终抓住不放，才能抓出成效，结出硕果。目前，从以下几个方面去开展工作或许是比较切合实际的选择。一是在小学语文教育教学实践中，要以学生为主体，重视教学反馈以及反馈的整改落实。二是要在区域内、学校内积极实施教师培养的"青蓝工程"，做好弱势教师及青年教师的"传帮带"工作。三是每所学校在每个学年都要根据实际情况，一对一地确定指导教师和被指导教师，指导教师每学期必须深入被指导教师的课堂至少听 10 节课，然后在教研组活动中进行有针对性的评教及指导工作；被指导教师每学期都要带着学习的心态，主动进入指导教师的课堂，至少听 16 节课，然后认真写出听课感悟或学习心得，虚心与指导教师开展有针对性的交流，认清不足，反复磨炼，不断改进，切实提高。不少优秀小学语文教师的成长历程证明，包含教学技巧、表达技巧、板书技能、多媒体运用技术等多种元素在内的小学语文教师的核心素养的养成，没有捷径可走，只有靠教师在实际的教育教学场景中反复磨炼，不断总结提高，才会逐步外化为教师个体收放自如的专业能力，才会日积月累地凝聚成教师的专业化水平。

其次，善于总结、善于反思是小学语文教师核心素养达成的关键手段。我们知道，小学语文教师的核心素养与其所从事的课堂教学、教学改革、教学研究、教学比赛、教学创新等工作密不可分；[7]这其中，善于及时对教育教学实践进行深入的自我总结和反思，可能是小学语文教师核心素养达成的更为关键的手段。小学语文教师教育教学工作的特殊属性告诉我们，要形成较为良好的核心素养，必须特别重视对教育教学实践的总结积累，必须特别重视对教育教学实践的反思及改进。实践是总结的前提，总结是反思的开始，反思是改进的动力，升华是反思的结果。没有实践，总结就没有意义；

没有反思，实践就只能在原地徘徊。不善于总结、反思，不善于在宁静中寻找智慧，实践就不能不断得到改进和提升。云南省曲靖市经济技术开发区某小学，因为连续几年坚持实施"以总结促反思、以反思促提升"的教师培训及交流提高工作，使教师队伍尤其是语文教师的核心素养获得了不同程度的提高，实现了共享、共赢、共进的发展目标。

再次，提高认识水平，做到教育科研与校本探究并重，是小学语文教师核心素养达成的重要抓手。核心素养的形成及发展要求小学语文教师主动学习教育教学理论及教育研究方法，主动开展教育教学实践及研究，主动与校外甚至全国的同行开展合作，共享优质资源，形成良性互动，做到教育科研与校本探究并重，努力提高核心素养。[8]云南省曲靖市直属小学，主动作为，积极创造条件与地方高校共同设立"教育科学研究联合规划课题"，合作开展教育教学研究。立项研究的课题实行"双负责人"制，第一负责人是课题依托单位的小学一线教师，第二负责人是地方高校的相关专家，取得了较好的效果。不但获得了省级教育主管部门的表彰，还引起了有关媒体的关注，有效提高了小学语文教师的核心素养。这些小学还结合课题的立项及研究，采取走出去与请进来联合推进的方式，有重点地开展教师核心素养的培训，激励语文教师主动参加各级各类教研活动及培训学习，适时派出教师到外地参观和研讨，鼓励教师将先进的教学理念、教学方法带回学校，带进课堂，使语文教师既不脱离岗位、不影响工作，又能使自我的核心素养得到较快的提升。在一定程度上打造了学校的独特品牌，形成了鲜明的特色。

最后，让读书学习成为一种生活方式和工作方式，也是小学语文教师达成核心素养的应有状态。教师不仅是教育者，更应该是孜孜不倦的学习者和研究者。把读书学习作为一种生活方式和工作方式，应该成为每一位小学语文教师的必然选择。核心素养的提升是长期坚持实践锻炼的结果，也是长期坚持读书学习的结果。新时代的小学语文教师必须终生坚持读书学习，必须把读书学习作为达成核心素养的应有状态。读书能使小学语文教师不断走向广博和深刻，学习能使小学教师不断提升其核心素养及专业化水平。[9]可以毫不夸张地讲，读书学习就是最长远、最全面的备课，读书学习就是成长为优秀教师的不二法门。我们可以断言，一个不善于读书学习的小学语文教师，一定很难成长为卓越的教育工作者；一个不会带领语文教师读书学习的小学校长，肯定很难引领一所小学成为声誉响亮的名校。

总而言之，教师是办学的第一资源，促进小学语文教师核心素养的持续提升，既是提高小学语文教学质量的基础性工程，也是提升语文教学水平的关键性要素，一刻也不能忽视，一刻也不能放松。直面新时代小学教育发展的考验和挑战，依照科学的路径和方法研究小学语文教师的核心素养，不断促进小学教师队伍核心素养的稳步提升，是我们这一代人必须承担的责任和使命。我们相信，只要小学语文教师核心素养的理念，实实在在地变成少年儿童成长成才的骄人业绩，小学语文教师这个独特的群体必将赢得更多的尊敬，必将更有价值感、获得感和幸福感。

参考文献

[1] 梁永平. PCK：教师教学观念与教学行为发展的桥梁性知识 [J]. 教育科学，2011（10）.

[2] 谢赛，胡惠闵. PCK 及其对教师教育课程的影响 [J]. 教育科学，2010（10）.

[3] 李伟胜. 学科教学知识（PCK）的核心因素及其对教师教育的启示 [J]. 教师教育研究，2009（3）.

[4] 李斌辉. 中小学教师 PCK 发展策略 [J]. 教育发展研究，2011（6）.

［5］俞芳. 教师效能与书法教学的有效性［J］. 艺术百家，2005（2）.

［6］叶澜. 教师角色与教师发展新探［M］. 北京：教育科学出版社，2010.

［7］孙双全. 谈谈教师的核心素养［J］. 小学语文教育，2010（3）.

［8］倪文锦. 小学语文新课程教学法［M］. 北京：高等教育出版社，2003.

［9］何先友. 文本阅读中时间信息的加工及其对文本理解的影响［J］. 华南师范大学学报（社会科学版），2006（6）.

小学教师要切实激发学生的语文学习兴趣

阅读提要：兴趣是求知主体探究事物及其规律或进行某种活动的积极态度，是一个人优先对某一事物或行为发生注意的倾向。教学是一门艺术，教师是导演，课堂是舞台，学生是主体。成功的教学所需要的不是一味的强制，而是要激发学生内在的学习兴趣，使学生充分享受学习过程的乐趣。也就是说，要使课堂教学活泼生动并充满吸引力，语文教师必须灵活机智地利用多种教学手段，努力构建轻松和谐的师生关系，注重发挥学生的主体性作用，以此来激发学生的好奇心和求知欲。

众所周知，兴趣是求知的强大动力。在日常的教学活动中，只要教师能有效地激发学生内在的学习兴趣，他们就会变被动为主动，孜孜不倦，刻苦钻研，进而取得理想的学习效果。[1]问题在于，学生的学习兴趣不会自发产生，要真正把学生的学习兴趣激发起来，不是一件容易的事情。

我们认为，对小学生这个特定的对象来说，其个体或群体对某门课程的学习兴趣的高低与多种因素密切相关，而教师的教育及引导就是其中最为关键的因素之一。基于上述认识，有必要进一步强调的看法是，最大限度地激发学生的学习兴趣，应该是小学教师必须具有的能力和必须履行的职责。也就是说，通过教师的不懈努力，充分调动学生学习的积极性和主动性，进而创造性地开展教育教学活动，是完成小学语文课程的教学任务及实现其育人目标的根本途径。那么，对小学教师来说，在具体的语文教育教学实践中，应该怎样去激发学生的学习兴趣呢？下面，我们从实际的操作层面入手，对这一问题做一些粗浅的探讨。

一、紧紧围绕课文内容精心设计教学，以"教"激"趣"，以"学"提"趣"

（一）紧扣课文调动学生的学习兴趣

我们发现，在课堂教学过程中，小学生对精彩的教学导入、有趣的提问设计等都比较感兴趣，[2]这一现象提示广大小学教师，立足实际，紧扣小学语文教材中的每篇课文来调动学生的学习积极性，或许是一种比较好的办法。我们带着上述看法，分四组访谈了三所小学的 60 名小学生，结果表明，95.4% 的受访学生对语文老师围绕课文收集并分享给他们的课外知识非常感兴趣。不少学生建议，教师一定要多看课外书，一定要在教课文的同时多补充生动有趣的课外知识，不应该只是照本宣科。

我们带着这些信息又走进上述三所小学，给六位小学教师进行了反馈和指导。其中一位小学语文教师根据我们的建议，迅速做出反应，在教学人教版小学语文教材第十二册中的《向往奥运》这篇课文时，为了让学生深入体会到北京申奥成功时中国人民无比激动、无比自豪的心情，在网上收集了不同民族、不同身份、不同地区的人们庆贺申奥成功的图片让学生欣赏，极大地激发了学生的学习兴趣；学生在课后自己制作了很多优美的图片介绍 2008 年北京成功举办奥运会的盛况，加深了对课文感情的理解，取得了很好的学习效果。

另外一位入职不满三年的小学语文老师也毫不示弱，在教学人教版小学语文教材第十二册中的《草船借箭》这一课时，针对"学生对曹操的生性多疑性格了解得不够深刻"的问题，认真收集多种音频及故事资料，灵活巧妙地将"曹操假装梦游斩杀侍卫"的片段"再现"给学生欣赏，学生学得十分投入，通过老师补充的课外知识，深化了对曹操生性多疑的性格特点的体会及认识，也通过比较进一步体会到了课文中其他人物形象的性格特征；更重要的是激起了学生的学习兴趣和求知欲望，课后，许多学生找来大部头的《三国演义》，跃跃欲试，都想探究这部古典长篇小说的奥秘。

（二）充分利用教学演示激发学生的学习兴趣

在小学语文课堂教学过程中，往往会因为学生的生活阅历较浅、知识积累不丰富等原因，使得他们在学习课文时遇到的有些问题，单纯依靠教师的语言叙述、解答，很难让学生理解到位。[3]这时，教师可以充分利用教学演示手段，通过卡通、动画、多媒体等方式，立体化地向学生展示课文中所描写事物的鲜明特点，突破时空的限制，引导学生深化对人物形象及其发展变化等内涵的理解，增强教学的直观性、趣味性和深刻性。

比如，教学人教版小学语文教材第十册中的《猴王出世》这篇课文时，教师第一步可以指导学生通过查字典掌握课文中的生字、生词，然后通读几遍课文，接下来利用多媒体设备选择播放《西游记》电视连续剧的第一集；当学生的兴趣因观看《西游记》而进入一个小高潮之后，教师趁热打铁、因势利导，及时给他们提出需要思考回答的问题：石猴是从哪里来的？它是怎样成为猴王的？你觉得课文中的猴王有什么特点？这些特点从课文里的哪些段落可以看出来？这样，就拉近了学生和文本的距离，调动了学生学习的主动性；学生通过观看教师节选的电视剧和深入阅读课文，一方面能拓宽学习视野，接触一些课文中没提到的知识，另一方面能在老师的引导下思考、回答课文中提出的关键问题。一句话，这种运用教学演示手段营造学习氛围的方式，不但比教师枯燥乏味的讲解对学生更有吸引力，而且有效解决了有些问题教师很难用教学语言讲解到位的难题，对师生的成长都十分有利。

（三）通过让学生融入教学活动提高其学习兴趣

小学生大多好奇好动，争强好胜、不甘落后，而且具有强烈的自我表现欲望。教师在教学过程中，要巧妙利用学生的这些特点，毫不犹豫地让学生合理地融入教学活动之中，让他们通过参与教学活动自我肯定、自我激励，充分展现自己的才华，从而激发强烈的求知动机，强化对知识的理解和接受。

例如，教师在教学人教版小学语文教材第十二册中毛泽东主席创作的《卜算子·咏梅》这首词时，完全可以放开手脚，让学生全程参与教学活动，自主学习，自主探索，自我提高。在这一过程中，教师的主要作用是陪伴和指导，而不是代替和包办。第一步，让学生通读课文，理解词义；第二步，让学生查阅资料，了解梅花的特性；第三步让学生动手画一幅毛泽东笔下的梅花图；第四步引导学生理解课文中的关键词句；第五步引导学生进一步理解课文中所描写景物及所抒发的感情，回答"课后练习"提出的问题。这样，学生的学习兴致会很高，也能加深这首词的记忆，还能深化对梅花凌寒独放、品格高尚等内涵的理解。

二、紧紧围绕学生巧妙创设教学情境，以"学"引"趣"，以"情"激"趣"

当下，特别强调学生在学习过程中的主体地位，教师若能顺应基础教育改革的潮流，真正在教学中落实好"以学生为主体"的要求，紧紧围绕学生挖掘激发学习兴趣的潜在因素，多方面激发他们的学习兴趣，就能有效提升学生的学习注意力，激起他们自主求知的无限潜力，使他们进入最佳学习状态。

（一）教师要不断强化教学活动的引导者角色

教师在教育教学活动过程中往往扮演着多种角色，不同的角色具有不同的功能，发挥着不可替代的作用。[4]就当前小学语文教学改革的实际而言，教师更需要强化的是教学活动的组织者、引导者甚至是合作者的角色。要遵循学生的认知规律，通过角色扮演，调动学生主动参与、主动思考、主动学习、主动探究的兴趣。例如，教学小学语文教材第五册《翠鸟》一课时，教师会发现，描写翠鸟行动敏捷特点的第三自然段，可能是学生需要理解和把握的重点和难点。基于此，教师可以这样设计问题：找一找，想一想，课文中哪些段落和句子描写出了翠鸟行动敏捷的特点？然后引导学生通过自主探索或小组合作主动去解决问题。学生很快就会发现，课文中的第三自然段主要描写了翠鸟行动敏捷的特点，这一自然段中的"难以逃脱""锐利""像箭一样飞过去""叼起"等词句就是对上述特点的生动描写。但是，可能有些学生不一定能在有限的时间内找出"只有苇秆还在摇晃，水波还在荡漾"这个关键的句子，此时教师可以通过视频，具体演示"翠鸟钓鱼"的情景，引导学生身临其境般进一步体会翠鸟行动敏捷的特点。当学生有了一定程度的体悟后，教师顺势提问："'只有苇秆还在摇晃，水波还在荡漾'，那么翠鸟到哪里去了？"接着进一步追问："为什么这个句子中要连用两次'还在'这个词？"这样，学生在老师的引导下，由浅入深，循序渐进，主动学习，深入探究，最后茅塞顿开，充分理解和掌握学习的重点和难点，教师也解决了教学的难点问题，一举两得，皆大欢喜。

（二）教师要关注个体差异，增强每个学生的获得感

教师的教育教学既要尊重每一个学生，也要关注每个学生的个体差异，增强学生的获得感，这样才能激发学生的学习兴趣，促进每一个学生的发展，保证教育公平。小学语文教师应该怎样落实这些要求呢？一方面，切实公平公正地对待每一个学生，尤其是暂时处于搁置成长困境中的学生；另一方面，在具体的教育教学实践中要高度关注学生的个体差异，用循循善诱的语言启发学生，不断激励学生成长。例如，有些特殊学生回答问题时，教师应始终用鼓励和期待的目光注视他们，使他们充分感受到幸福和温馨；如果回答错了，老师既不能讽刺、打击，伤害学生的自尊心，也不能面露难色、不加理睬，而是应耐心等待、适当激励、及时引导，使他们敢于表达，然后再尽量找出其优点，当面肯定和赞许。这样，某些特殊学生就能体会到探索成功的喜悦，激发起学习语文的兴趣，不断增强学好语文的信心。

（三）教师要积极构建和谐温馨的课堂氛围

一般来说，调动学生的学习兴趣，应遵循学生的认知规律，由感知到理性，由理论到实践。[5] 在日常的教学活动中，有的教师关注更多的可能不是如何按规律实施教学，而是紧盯学生的考试成绩，

强行要求学生大量背诵、默写，如果学生达不到要求，教师面对学生时就整天拉着一张脸，没有一丝笑容。这样一来，不但无法构建和谐温馨的课堂氛围，而且对激发学生的学习兴趣产生不利的影响。

不论是从遵循教育规律还是落实政策要求的角度看，教师都应改变那些不太妥当的方式方法，提高认识，重新调整教学状态，积极构建和谐温馨的课堂氛围，有效引导学生乐学、好学。首先，在课堂上，不能一味地要求学生按照教师的思路学习课文，向学生提出问题时，也不刻意要求每一个学生的回答都必须准确无误；而是要尽量让学生在宽松、和谐的气氛中讨论、交流、分享。还可以让学生选择自己喜欢的学习方式，自己提出问题，自己解决问题，这样学生就会觉得课堂充满生机，不再是"牢笼"或"监狱"，学习兴趣自然就调动起来了。进一步讲，教学过程既是一种知识学习过程，又是一种情感体验过程；[6]热烈活泼的课堂教学气氛会使学生情绪高昂，拼搏向上，呈现出最佳的智力活动状态，保持学习的强大动力；冷漠沉闷的教学气氛则会压抑学生的智力活动，窒息其智慧的火花。其次，从某种程度上讲，教学的本质不在于传授知识，而在于鼓舞、激励和唤醒；[7]如果教师精神萎靡，缺乏情趣，就很难激励学生，也很难唤醒课堂上那些沉睡或者装睡的人。也就是说，教师要始终保持良好的状态，尤其是在课堂上要做到精神饱满、情绪高昂，这样才能以积极向上的状态带动学生、感染学生，使两者的感情融为一体，达到互相感染、互相激荡、以情激"学"的效果。再次，要构建融洽亲和的师生关系，要以民主、平等、合作、对话的态度对待每一个学生，[8]有时甚至要放下师道尊严的架子，变俯视为平视，变教育者为参与者和陪伴者，与学生一起寻找真理，一起分享成功的喜悦，一起应对求索的艰辛。师生之间的关系融洽了，影响学生学习兴趣的东西就会自然消退，师生沟通交流的有效性就会大幅度提升，提高教学效果、教学质量等期望就会变为现实。进一步讲，融洽、亲和的师生关系，是缩短师生心理距离并生动活泼地开展教学活动的前提；教师要增强责任感，做生活的有心人，高度尊重学生，全面依靠学生，阳光向上，面带笑容，提升情怀，快乐育才，开心工作，尽最大努力激发学生的学习兴趣，使学生想学、爱学、乐学，让语文教学不断焕发出新的更大的活力。

（四）教师要让学生充分享受成功的快乐

在我们随机旁听的一堂语文自习指导课上，上课的王老师发现，一位女同学懒得做老师布置的练习册上那些机械重复的抄写、注音题，似乎总是在草稿纸上胡乱地写写画画。于是，王老师悄悄地走到她身边，试图纠正；她急忙用课本把练习册盖起来，仿佛如临大敌，显得惶恐不安。王老师不动声色，笑着拿起她的练习册看了看。让老师吃惊的是，她的练习册上虽然还留有大片的空白，但其中的造句题和看图写话题却做得非常好。在看图写话中，她甚至写出了这样的句子："花骨朵们聚精会神地倾听着春天的脚步，都在积蓄力量，准备灿烂绽放。"于是，就在这位女同学觉得老师可能要大发雷霆的时候，王老师却朝她轻柔一笑，夸赞道："这个句子写得非常好，很有想象力，多有灵性啊！请你起来读给大家听听吧。"或许是小女孩受到如此夸奖的机会不多，显得有些害羞和紧张，但当她读完这个句子后，全班同学热烈鼓掌，表示赞许。王老师没有再说什么，只是轻轻地拍了拍那个女同学的肩膀，继续在课堂上巡视指导。后来，王老师在交流时反馈说，或许是她的欣赏和鼓励给那个女同学传递了某种动力，在以后的日子里，她的学习热情特别高涨，特别用功，语文成绩一跃而进入班级前列。这一教学案例说明，说教不如点赞，更不如让学生分享成功的快乐；一旦让学生体会到成功的喜悦，就会进一步激发起其"灿烂绽放"的强大动力。

（五）教师要鼓励学生质疑来激发其学习兴趣

质疑是深入思考的结果，是解决问题的起点，也是一种创造性思维活动。[9]在教学活动中，教师要有提出一个问题比解决一个问题更重要的意识，鼓励学生大胆质疑，以此激发其学习兴趣。例如，教学《诚实的孩子》这篇课文时，细心的学生可能会针对课文的第三自然段提出一个这样的问题："姑妈问花瓶是谁打碎的时候，表兄妹回答'不是我'，为什么句末用的是感叹号，而列宁回答'不是我'的句末用的却是句号呢？"针对这样的提问，教师首先要表扬学生敢于质疑、善于质疑的精神，肯定这个问题提得很好，开动了脑筋，然后鼓励学生结合上下文设想当时的情景，再想一想为什么课文中要这样使用标点符号。经过探究，学生就会明白文中的感叹号和句号表示的不同语气，掌握其不同用法发挥的不同作用。这样，学生一方面会充分享受自己提问与自我解决问题的乐趣，另一方面会不断增强质疑的意识和自信，提高学习兴趣和学习效果。

三、紧紧围绕合理设置实践活动来激发学生的学习兴趣，切实做到以"做"激"趣"

合理设置实践活动是小学语文教学的重要方式之一，教师在教育教学活动中要主动作为，用心设置一些实践活动，促使学生在动手操作的过程中把枯燥的语言文字演变成生动、形象的求知体验，[10]使其兴致勃勃地投入学习活动之中。一般而言，齐诵一句口号、分组朗读一组对话、模拟课文中的某种动作、配音朗读、排演儿童剧等，都是语文学习中很好的实践活动形式。除此之外，还可以大胆探索，不断创新语文学习实践活动的组织、设置形式。例如，在世界读书日那天，可以带学生到阅览室，开展动手找一本好书的活动，看谁找的书大家认可度最高。

还可以在学雷锋活动或学校的其他重大庆典活动中，鼓励学生人人动手制作宣传标语，比一比谁做得又好又快。再比如，可以组织学生在校园内、在社区、在村寨、在公园等场所开展"找错别字"的活动，看谁找的最多、准确率最高。在这些活动中，教师应该事先准备一些合适的奖品，对表现优秀的学生及时给以奖励，以此活跃气氛，褒奖和鼓励学生的探索精神。需要特别注意的是，语文学习实践活动的设置要因地制宜，随机应变，不能强求一致，更不能不顾实际，为设置活动而设置活动。在活动过程中，教师要高度关注每一个学生的安全，最大限度地让实践活动激发学生的学习兴趣，真正做到以"做"激"趣"。

综上所述，要在小学语文教学中激发学生的学习兴趣，一方面要紧紧围绕课文内容精心设计教学，以"教"激"趣"，以"学"提"趣"；另一方面要紧紧围绕学生巧妙创设教学情境，以"学"引"趣"，以"情"激"趣"。另外，还要紧紧围绕合理设置实践活动激发学生的学习兴趣，切实做到以"做"激"趣"。学生有了强烈的兴趣，才会学得愉快，学得深刻，学有所获，才能体会到求知乐趣，体验到成长的快乐，并在语文这个无边无垠的广阔天空里尽情遨游。

参考文献

[1] 叶澜，白益民. 教师角色与教师发展探析［M］. 北京：教育科学出版
　　社，2001.

[2] 邵宗杰，裴文敏，卢真金. 教育学［M］. 上海：华东师范大学出版

社，2007.

[3] 李铮. 小学教育 [M]. 北京：首都师范大学出版社，2009.

[4] 姚本. 小学教学创新 [J]. 小学教学参考，2008 (2).

[5] 倪文锦. 小学数学新课程教学方法 [J]. 现代中小学教育，2009 (5).

[6] 程正方. 如何激发学生的学习兴趣 [J]. 首都师范大学学报，2007 (4).

[7] 李文华. 自由呼吸的教育 [M]. 成都：四川大学出版社，2008.

[8] 刘颂华. 语文课堂教学新方法 [J]. 小学语文教学，2008 (7).

[9] 施茂枝. 小学语文教学中的创新教育 [J]. 小学语文教学，2009 (5).

[10] 林格伦. 课堂教育心理学 [M]. 章志光，等，译. 昆明：云南人民出版社，1983.

第二章

延伸：小学识字、拼音、写字教学探析

本章主要讨论七个问题：

➢ 农村小学低年级学生识字教学的难点及对策

➢ 农村小学"第一学段"识字教学探析

➢ 促使哈尼族小学生提高识字效率的几种策略

➢ 新课程标准视野下的小学汉语拼音教学探析

➢ 促使小学生轻松学习汉语拼音的策略

➢ 有效教学理念下的小学汉字书写教学探究

➢ 加强小学生写字教学的意义及方法

农村小学低年级学生识字教学的难点及对策

阅读提要： 识字是阅读和写作的基础，也是小学语文教学的难点之一。对小学低年级学生而言，汉字难学、难写、难认、难记。教师首先要针对学生实际，找准识字教学的难点，然后灵活运用创设情景识字、提高识字兴趣、图文模拟演示、联系生活经验尝试识字等方式方法认真进行教学，才能有效提高小学低年级学生的识字效率。

众所周知，识字是阅读和写作的基础，是小学低年级语文教学的重点和难点之一。[1]然而，对农村小学低年级学生而言，汉字确实显得有些难学、难写、难认、难记，这在一定程度上给识字教学带来某些困难。[2]因此，如何结合农村小学生的学习及生活实际，开启其智慧之门，使他们尽可能多地识记、熟悉甚至运用汉字，就成了小学语文一线教师不得不面对和解决的重要问题之一。

从理性的层面看，《义务教育语文课程标准》一方面规定要让小学生"喜欢学习汉字，有主动识字的愿望"，也就是要培养他们对汉字的深厚感情；另一方面要求小学生除了要会认、会写一定数量的汉字之外，还要"掌握汉字的基本笔画和常用的偏旁部首，能按笔顺规则用硬笔写字、注意间架结构。初步感受汉字的形体美。能借助汉语拼音认读汉字。能用音序和部首检汉字法查字典，学习独立识字"。[3]也就是要求小学生要在初步识字的基础上，不断提升对汉字的认同感，进一步增大识字量。

从实践的层面看，落实这些规定和要求的关键是，教师要紧紧抓住低年级小学生识字教学这个"窗口期"，针对这一阶段学生的认知特点，采用灵活多样的教学方式及学习方法，帮助他们尽快渡过识字关，从而培养其良好的识字习惯，为将来的学习打下坚实的基础。[4]

一、农村小学低年级学生识字教学的难点

由于受办学水平、家庭条件、个体差异多种因素的制约，农村小学低年级学生的识字教学面临很多困难，这些困难不同程度地影响着低年级识字教学的效果。

我们调查发现，农村小学低年级学生识字教学的难点主要表现为难认、难读、难记、难写、难用等形态，具体而言可以概括为以下几个主要方面：一是起步有难度，农村小学低年级学生在上小学前，基本没真正接触过书本（很多没有接受过正规的学前教育），对书本、汉字都比较陌生，不知如何下手。二是家长指导有难度，大部分学生家长是半文盲或初中以下学历，很少在识字上提早对孩子做一些必要的指导。三是掌握字形有难度，学生有时很难把有些汉字的字形与字音联系起来记忆。四是理解字义有难度，学生识字时基本能听懂并记住字音，但在理解字义方面存在不少困难，很难从汉字的象形、指事、会意、形声等方面掌握和理解字义。五是完全掌握有难度，相对而言，小学低年级识字数量较多，很多汉字字形结构复杂，学生在短期内要完全掌握，有一定难度。六是很难与发

达城市的学生同步发展，因为农村小学的办学水平与发达城市小学的办学水平存在明显差别，这在一定程度上也会对农村小学低年级学生的识字效果产生影响。对城镇学生而言，要完成《义务教育语文课程标准》规定的识字任务，并不怎么困难，可对于农村小学生来说就是一件比较棘手的难事。

二、突破农村小学低年级识字教学难点的策略

汉字是形、音、义的完美结合体，是记录和传承中华文化的符号和工具，对小学低年级学生而言，识字、认字意义重大。据不完全统计，到目前为止，在我国有一定影响的识字教学方法有二三十种，其中，集中识字、分散识字、注音识字、字族识字、字理识字、双脑识字、多媒体熟语识字等，[5]都是比较有代表性的识字方法，影响也较大。一方面，小学语文教师要主动学习和借鉴这些方法，有效提高教学质量；另一方面，对这些方法不能生搬硬套，要本着虽然道理相通但方式应该根据对象的不同而灵活调整的原则，自觉按照所教学生的特点，积极探寻突破农村小学低年级识字教学难点的方式方法。

（一）合理借用比较有代表性的识字教学法

1. 巧用"集中识字教学法"

集中识字教学法是目前小学低年级识字教学中常见的形式之一，主要采用"基本字带其他字"的方法归类识字。[6]这里所说的"基本字"是指字形近似的一组字中共同含有的能够独立成字的构字部件；所谓的"基本字带其他字"的方法，就是通过给基本字添加偏旁部首的办法，引导学生利用先认识的某些字连带性地记读新的生

字，使学生在掌握表意类汉字字形的基础上，自然而然地初步理解和建立他们所认识的汉字的字形、字音与字义之间的某些联系。这种方法的运用诀窍在于，教师要善于利用一组字的相同部分组成字串，突出不同的偏旁部首，通过分析比较强化记忆，激励学生主动探索，不断提高识记生字的效果。这样做有三个好处，既能简化记忆、提高识字效率，又能培养学生良好的认知习惯，还能防止学生记错字形或写错别字。

2. 巧用"分散识字教学法"

这一方法的关键是把生字随课文"分散"在阅读过程中进行教学和识记，教师要巧妙利用课文，善于把生字的音、形、义等内在联系有机地结合起来，精讲多练，识记结合，注重多讲，强调多写，突出学生的主体作用。例如，教师在每节课的教学中，可以充分利用小学生注意力最集中的前二十分钟，一边引导学生读课文，一边教学生识记生字、生词；如果能用课文内容把一个个看似孤立的生字、生词联系起来，因势利导启发他们主动去识读，主动去书写，主动去记忆，那么生字、生词就更容易被小学生理解和接受，识字教学的效率也会更高。完成识读生字、生词的第一步任务后，教师要有意用小学生刚学会的生字、生词讲解课文内容，及时要求他们反复练习和书写生字、生词；这样，一节课的教学就呈现为"认认—读读—写写—讲讲"等环节和步骤，小学生不觉得呆板，不容易疲惫，学习积极性较高，效果自然就好。需要注意的是，一方面，教师在读讲课文前，要先逐个检查小学生对生字、生词的掌握情况，再结合对课文内容的讲解，进一步巩固和强化学生对生字、生词的记忆和理解；另一方面，要真正寓识字于阅读之中，强调字、词、句、文的内在联系，把生字、生词置于特定的语言环境中进行教学，做到字不离词、词不离句、句不离段、段不离文，识字与阅读并重。

3. 巧用"字理识字教学法"

这里所说的字理，主要是指汉字的构形义理；字理识字教学法就是依据汉字的组合结构规律，从汉字的形、音、义的关系着手进行识字教学的方法。它注重通过对识字的象形、指事、会意、形声、转注、假借等构形规律的分析，尝试突破字形理解及记忆这个难关，从而达到提高识字教学效率的目标。需要引起注意的是，这种方法的运用要求教师具有一定的文字学方面的素养，对汉字的起源、汉字的演变、汉字的结构、文献中的用字现象等知识都要有一定程度的了解，而且善于把有关汉字的常识、理论、例证与运用能力联系起来，巧妙结合生字和课型的实际，灵活运用分类、循环、听读、猜认、理解等多种方法，主动探寻规律，主动运用规律，不断提高识字效率和教学效果。

（二）通过创设契机提高学生的识字效率

在小学低年级的语文教学实践活动中，教师要根据不同的课文及其学习要求，合理采用不同的方法组织实施识字教学。一般而言，当面对生字较多、课文较长的教学内容时，教师应优先考虑创设集中识字的情景和契机来激发学生的识字兴趣，这有利于节省识字时间，培养学生的自学能力，也有利于学生从整体上理解课文内容，不至于因要学的生字过多而使课文内容支离破碎。进一步讲，教师要善于通过创设契机突破教学重点，化解教学难点，帮助学生建立音、形、义三者之间的联系，引导学生学习生字的基本笔画，理解生字的构成部件，学会利用已学过的笔画、部件或者熟字来识记生字、生词。实际上，学生既有这种需求也有这种能力，例如，识记"洒"字，假若采用笔画分析来识记，要记住"洒"是 9 笔及其每一笔的顺序；假若采用部件分析来识记，就要引导学生记住"洒"是左右结构，左边是"氵"，右边是"西"，合起来则组成"洒"字。显然，这一方法如果运用得比较恰当，会极大地提高学生的识字兴趣，使识字教学省时、省力，效率更高。

（三）运用各种方式及时复习巩固生字

小学低年级学生识字的特点是学得快，忘得也快；如果学过的生字不及时复习巩固，就很容易回生。因此，教师要运用"艾宾浩斯记忆法"，[7]指导学生及时复习，经常自测，从多方面记忆、理解和消化他们刚学会的生字，做到不但记得牢固，而且能灵活自如地运用。比如，可以采用全班齐读、"开火车"读等方法复习巩固，也可以采用分组读写、个别读写等方法强化记忆。还可以根据小学低年级学生的年龄特点，组织开展"找朋友""猜字谜"等识字比赛游戏，比比谁学得更牢固，谁给汉字"找朋友"更厉害，等等。

（四）运用"图文演示法"提高识字教学效率

一般而言，小学低年级学生对生字所对应的事物及其特征都比较敏感，教师可充分利用这一特点，采用"图文演示法"来提高识字教学效率。具体讲，教师要创造性地收集具体、直观的事物图片，合理引导学生识字，使其产生较好的目标达成度，从而有效提高识字教学效率。例如，教师在教读"磊"字时，出示教学图片，让学生增强识记"石"字的实物感，加快识字速度。然后，再引导学生想一想，自己在上学路上看到的成堆的石头是什么样子，把它画下来，再把自己画的石子堆和"磊"字比一比，看看它们有什么相似之处，使学生能深刻地记住、记牢这个字。还有一种方法，当教到表示动作的生字时，可以利用体态扮演来进行教学，例如，学习

"走"字时，老师可以在讲台上轻轻走动，告诉学生这就是"走"字；学习"跳"字时，让学生自己在课后做做"跳"的动作，体会一下它与"走"的区别，然后再引导学生，"跳"一定要用"足"，所以"跳"字带有"足"字旁。这样，学生不但容易认清字形，弄懂字义，而且记起来比较轻松，丝毫不费力。

概而言之，运用"图文演示法"进行识字教学时，通常使用的教学教具或手段有实物、图画、动作等，其目的是使生字与事物相互联系，增强识记生字的直观性和实效性。例如，教一年级小学生识记"花"这个生字时，教师可以随手带一支比较鲜艳的花朵（乡村这种资源很多）进入课堂，让学生建立实物和"花"字的联系，增强对生字的指向物体的直观感受；教"鸡"这个生字时，教师则可以出示或画一只正在觅食的小鸡，让学生不但学会认识"鸡"这个字，而且了解到小鸡吃虫子等习性，加深对这些字的记忆及理解。

（五）联系学生的实际生活经验进行识字教学

从某种程度上看，识字本身很枯燥、乏味，面对这些枯燥的东西，小学生的情绪总是比较消极和被动。如果教师不顾及这些实际，一味教孩子们被动地识字，不仅识字的效率低，而且还会在一定程度上束缚思维的发展。作为教学一线的小学语文教师，解决这个问题最好的办法是，充分利用农村学生某些生活经验比较丰富的特点，主动联系学生的实际生活经验来进行识字教学。具体讲，一方面，教师要在小学生识字的起步阶段通过多种途径来联系其生活经验，积极营造识字教学的良好情景和氛围；另一方面，要基于学生的实际生活经验采用多种教学方法来调动他们大量识字。

下面，侧重介绍五种联系学生的实际生活经验开展生字识读教学的方法。一是联系学生生活经验使用"猜谜语识字法"进行教学。

例如，"牛走独木桥"——"生"字；"宋家有女坐当中"——"案"字；"上边毛、下边毛、中间一个黑葡萄"——"目"字；"千条线、万条线，掉到水里看不见"——"雨"字；"十张口，早就有"——"古"字；"大雨下在横山上"——"雪"字，等等。二是联系学生生活经验使用"编故事识字法"进行教学。例如，教学"朋"字时，教师给学生讲故事：天上的月亮只有一个，晚上出门非常孤单，要是有一个同伴就好了，两个月亮并排走，就是一对好朋友，这样学生就认识了"朋"。再比如，教学"美"字时，请同学们一边听老师讲故事，一边识记和书写这个字：小明家养了一只可爱的小羊，这只小羊什么都好，可就是尾巴太小了，一点也不好看。第二天早上，小明去放羊，发现小羊的尾巴变大了！成了一只美丽的小羊。这样，学生又认识了"美"字。三是联系学生生活经验使用"编顺口溜识字法"进行教学。例如，教学"丛"字，编"两个人，排一排"；教学"全"字，编"大王头上一个人"；教学"明"字，编"月亮、太阳微笑了。"四是联系学生生活经验使用"拆字法识字法"进行教学。汉字中的合成字很多，大部分可以采用这种方法来强化记忆，例如，"日青晴、土也地、鱼羊鲜、米青精"；又如，"上日下业读作显，上大下可读作奇，上云下月读作育，上曰下目读作冒"，等等。五是联系学生生活经验使用"比较法识字法"进行教学。这种方法主要用来确定两个或两个以上的生字的异同，如教学"法、丢"时，首先复习"去"字，然后编成儿歌："去"字头戴斜帽，丢、丢、丢；"去"字旁边冒水泡，法、法、法。另外，还可以通过给所学的生字添加或减少笔画的方法来加强记忆，比如王—玉，日—目，大—天，土—王；又比如，在教学同音字"坐、座、做、作"时，可先做"坐下"的动作，再指着座位让学生体会字义的不同，接着进一步告诉学生，"做"是指从事某种工作或活动，如做作业、做饭、做菜等；"作"是指某种行为或活动，如作业、写作、作文等；还可让学生做一些必要的练习，进一步分清"坐、座、做、作"的音、形、义，巩固识字教学效果。

总而言之，识字是阅读和写作的基础，是小学语文教学必须强调的重点，必须突破的难点。教师要针对学生实际，找准识字教学的难点，灵活运用创设情景识字、提高识字兴趣、图文模拟演示、联系生活经验尝试识字等方式方法进行教学，改变小学低年级学生觉得汉字难学、难写、难认、难记的认识，积极有效地促使小学低年级学生激发其内在的学习动力，不断提高识字兴趣，大量识记汉字，切实提高小学低年级学生的识字教学效率。

参考文献

[1] 倪文锦. 小学语文新课程教学法 [M]. 北京：高等教育出版社，2003.

[2] 国家教育委员会师范教育司组. 写字 [M]. 长春：东北师范大学出版社，2003.

[3] 中华人民共和国教育部. 义务教育语文课程标准 [S]. 北京：北京师范大学出版社，2011.

[4] 陈新民. 识字写字教学当遵从汉语言文学的特点 [J]. 甘肃教育学院学报（社会科学版），2003，19（4）.

[5] 王晓辉. 新课程：语文教育怎样改革 [M]. 成都：四川大学出版社，2003.

[6] 倪文锦. 小学语文新课程教学法 [M]. 北京：高等教育出版社，2003.

[7] 杨斌. 软科学大辞典 [Z]. 北京：中国社会科学出版社，1991.

农村小学"第一学段"识字教学探析

阅读提要：我国西南边疆地区的农村小学办学水平及教学条件相对落后，高水平师资及优秀教学资源也较缺乏，要在6年小学的"第一学段"（1~2年级）使学生掌握独立识字的方法，使语文教学尽快度过识字阶段，需要从实际出发，以"课程标准"为指导，因地制宜，采取"两条腿走路"的办法，一方面充分挖掘校内资源，另一方面积极开发利用本土资源，课内外结合、校内外结合，探索高效实用的识字教学方法。

近十多年，我国西南边疆地区的农村小学教育跟全国的小学教育同步共振，深入推进语文课程的教育教学改革，取得了一些显著的成效。但从识字教学改革的实施情况看，西南边疆地区的农村小学语文教师在落实"课程标准"识字教学要求的过程中，依然存在很多困难。

《义务教育语文课程标准》指出，小学"第一学段（1~2年级）要认识常用汉字1600~1800个，其中800~1000个会写"。[1]实际上，西南边疆地区的农村小学要真正在教学中落实这个要求，难度很大。这个难度既指识字量的要求很难达到，也指识字的质的要求很难保证。问题的复杂之处在于，形成上述问题的原因，似乎人人都明白，又似乎人人都很难说清楚。其中可能有历史的原因、社会的原因、发展的原因，也可能有家庭的原因、学校的原因、教师的原因、学生的原因等。显然，不管是什么原因导致了上述困难，也不管国家或地方层面的教育教学改革力度有多大，要想一夜之间消除上述困难，几乎是不可能的事情。

下面，我们既不用某些理论去挖掘、分析上述困难存在的深刻原因，也暂不去描绘突破上述困难后的美好画面，而是立足现实，从西南边疆地区农村小学及小学语文教师推进教学方式方法改革的角度出发，尝试总结和探讨解决上述问题的对策。或许，这样做比较符合不抱怨、不指责、不推诿而是勇于担当作为的价值指向。

一、引导学生充分利用课堂识字

在我国西南边疆的广大农村地区的村寨，小学就是那个区域最重要、最活跃的文化场所；除此之外，处在边境地区的小学可能还承担着更重要的政治和文化指引意义。因此，从实际出发，以"课程标准"为指导，因地制宜地探索高效实用的识字教学方法，对小学生的成长具有特别重大的意义。

无疑，课堂教学是农村小学生完成识字任务的主渠道、主要场所，教科书是他们用来学习识字的最重要的学习文本。也就是说，教师要用好用活课堂、用好用活教科书这两个教学资源，才能确保每个学生都达到识字的下限要求。在具体的课堂教学中，教师一方面应充分利用课堂教学，循序渐进地教学生识字；另一方面应把课标要求会读、会写的字作为教学的重点和难点，强调随文识字、随文写字，有效地激发学生的学习兴趣，提高学生的识字能力，巩固识字教学的成果。

（一）引导学生学会识字方法，体会识字乐趣

在烦琐的识字教学过程中，教师应毫不犹疑地摒弃以往"填鸭式"的被动教学模式，积极指导学生进行"自主识字、合作识字"的教学尝试。简单机械、枯燥无味的教法，很容易引起学生的厌烦情绪，学生很容易产生疲劳，从而影响学生的识字效果。

一是通过猜字谜来教学生记字形。在识字教学中，原原本本地把字拿出来让学生识读，他们往往会缺乏兴趣，而采用"猜字谜，记字形"的方法来引导学生识字，可能就会使学生长时间保持识字的热情，增强识记效果。教师可以先给出字谜的谜面，然后鼓励学生尝试写出字形；教师也可以和学生一起编字谜，以增强他们主动识字的兴趣。如教"目"字时，可出示谜语"上边毛，下边毛，中间有个黑葡萄"，使学生强化对这个字的识记。再如，"千条线万条线，掉到水里看不见"——"雨"字；"一口咬掉牛尾巴"——"告"字；"一手遮眼"——"看"字，等等。

二是通过为汉字做加减法来教学生识字。小学生对加减法并不陌生，通过合理的知识迁移，让他们根据合体字的结构，通过给汉字做加减法的方式来识记生字，会让孩子们很兴奋。例如，"李""鲜""笔"等字，可以用做加减法的方式变为"木＋子＝李、鱼＋羊＝鲜、竹＋毛＝笔"等，以此来增大识字量。

三是通过编顺口溜来教学生识字。在小学一、二年级的识字教学中，教师在课堂上编一些儿歌顺口溜帮助学生识记生字，也能收到很好的效果。[2]比如，要让学生区别"左、右、有、友"等字时，可把这些字编成"左下工，右下口，有下月，友下又"的顺口溜，等等。

四是通过编故事来教学生识字。即教师在教学中根据学生的年

龄特征，遵循汉字的构造原理，引导学生充分发挥联想力和想象力，努力理解汉字的构造特点及其音、形、义之间的关系，通过形象的语言和生动故事，把一个个抽象的汉字演绎成一幅幅连续性图画或一段小故事，以此来促进学生识字。例如，指导学生记"当"字时，可以说"一座山被推倒了，可山上的小树还直立着"；当讲解"蚕"字时，可以说"蚕"就是"天下最好的虫"。

五是引导学生通过比较法来识记字形。在小学语文教材中，汉字遵循先易后难、先简后繁、先少后多的编写原则，所以由独体字可引出许多新字。比如，教"丢、法"时，引导学生先复习"去"字，再以"旧字"引出"新字"，然后进一步比较二者的区别。"公—么，日—田—由—甲"等，都可以通过互相比较来达成识字的目标。另外，教同音字"坐、座、做、作"时，可做"坐下"的动作，指着座位，让学生体会字义的不同。"坐下"的"坐"加上"广"字头组成"座"，用"座"字可以组成"一座山""一座房""一座桥"等。"做"是从事某种工作或活动，如"做工""做游戏"等。"作"是进行某种活动，如"写作""作画"等。在分清"坐、座、做、作"的音、形、义的基础上，再组织学生进行组词或开展填空练习。例如，"小红（坐）在自己的（座）位上（做）（作）业。"通过练习，加深了学生对"坐、座、做、作"的理解。又如，在教学"元、园、完、玩、远"字时，可侧重从字形和字义上帮助学生识记。"元"的第一个义项是"开始"的意思，如"元旦""元月"等；第二个义项是"为首"的意思，如"元首""元帅"等；第三个义项是"主要"的意思，如"元气""元音"等。"园"第一个义项是指种植蔬菜、花草、树木的地方，如"花园""菜园""田园""果园""公园"等；第二个义项是指供人浏览娱乐的场所，如"公园""园林""乐园""动物园"等。"完"

是"结束"的意思，如"完成""完了""完工""做完""写完"等。"玩"是"游戏"的意思，如"玩耍""玩火""玩水"等。"远"指"距离"，如"远方""远近""远处"等。

（二）指导学生在合作学习中交互识字

学生要在很短的时间内完成一定的识字量，单靠教师的讲解是远远不够的，这就需要发挥"小组合作学习"的优势，指导学生利用各种形式开展合作学习，巩固识字量。[3] 一般而言，成绩较好的学生可充当"小先生"，在老师的指导下，承担一个小组的识字教学任务；每组约 5~10 人，组员之间互相监督、互相带动，进而形成良好的识字氛围，多向交流，多元互动，提高识字的效率。

（三）加强朗读指导，通过"读文"促进识字

比如，小学一年级的统编版语文教材编入了很多音韵优美、节奏鲜明的儿歌，学生非常感兴趣，乐于阅读和背诵。因此，教师可以抓住学习的这一特点，加强朗读的指导和训练，让学生把认读和猜读结合起来，在朗读中强化识字，在识字中训练朗读。

二、引导学生充分利用校园文化资源识字

校园是学生学习、生活的重要文化场所，从教室、办公室到各种功能用房，从校园的宣传栏、校务公开栏到各种墙体文化，几乎可以说处处都蕴含着丰富的识字资源。教师要及时引导学生关注、利用校园中这些随处可见的资源，有意或无意地识读校园中各种载体上的汉字，不断增大识字量。

另外，在利用校内资源开展的识字教学活动中，教师要善于把

学生的学习动机集中引导或转化为成就动机，使其乐于利用校园资源识字。具体讲，教师可指导每个学生建立一个"识字档案袋"，让学生在老师、长辈或高年级同学的帮助下，把自己在校园中发现和认识的汉字制成生字卡片，积累在"识字档案袋"中，每周在班内总结评比一次，评选出多名"识字小能手"，再推荐他们参加学校每月举办一次的"识字大王竞赛"，让每个学生都有被评为"识字小能手"或成为"识字大王"的机会，以此树立自信心和进取心，辅就"多识字、快识字"的阳光大道。

三、开发校外资源，拓宽识字领域

与发达城市相比，农村的经济发展水平、文化氛围、教育资源等虽然有较大的差距，但这并不意味着农村就没有识字资源。[4] 相反，只要善于用心挖掘，教师肯定会发现，农村也有丰富的识字资源。用好这些校外资源和优势，也是拓宽学生识字领域和学习天地的重要手段。换句话说，农村小学也有丰富的识字教学资源，有些资源城市小学也望尘莫及，农村小学语文教师只要善于发现和利用这些宝贵的学习及教学资源，就能把"课程标准"规定的识字教学要求落在实处，就能让农村小学的孩子完成第一学段的识字任务，及早为第二学段的阅读教学打下扎实的基础。

（一）引导学生通过看电视识字

随着"村村通"工程的实施，有线电视甚至互联网都进入了广大农村的千家万户，成为农村孩子们认识和了解外面世界的重要窗口。教师合理引导学生通过观看丰富多彩的电视节目来识字，可帮助学生在看电视的过程中获取大量的信息，认识更多的汉字。需要注意的是，教师的引导要具体明确，尤其要重点引导学生在看画面的同时有意识地看字幕识字，但不加重学生的作业负担。至于是否鼓励学生通过上网来识字，要慎之又慎，具体问题具体分析，如果家长的监管不到位，最好不要这样做，以防孩子沉溺于网络。

（二）引导学生结合实物识字

一般而言，每个农村学生的家里都有许多识字资源，如旧报纸、旧书刊及食品袋、化肥袋上的说明文字等，教师可组织学生收集这些实物，根据自己的兴趣、爱好做成"识字剪报"，张贴在"识字剪报栏"内，与其他同学进行交流。实践证明，农村学校的"识字剪报栏"能充分调动学生的积极性和主动性，可培养学生合理利用资源学习的意识。此外，农村学生家里一般都饲养各种畜禽，如鸡、鸭、鹅、猪、牛、马、羊等，可先让学生制好生字卡片，然后在识字课上说说自己家里有哪些家禽、有什么特点等，这样做既能较快较好地完成识字任务，又能培养学生的观察能力和语言表达能力。

（三）引导学生利用宣传标语识字

近几年，在农村的田舍墙壁等媒介上，政府部门喜欢书写或张贴各种宣传标语，这是一种随处可见、积极向上、时代感也很强的识字资源，可以引导学生利用这些资源来识字。例如，在学习了《外面的世界》这篇课文后，教师可安排学生在村寨里搜集各种宣传标语，通过"问—听—读"的方式，积累识字资源，增大识字量。调查发现，运用这种识字方法，有的学生在几天的时间里就能认读近百字，如"少生优生，幸福一生""国家富强，民族兴旺""冬春草木干，防止火烧山""百年大计，教育为本""节约用水，造福人类""孝老爱亲，幸福一生"，等等。学生在学习识字的过程中，也会自觉不自觉地接受一些政策教育和社会公德教育。

（四）引导学生利用村史、村志或村规民约识字

一般来说，在每个村的村头都有一块"村志石"或"村志墙"，上面刻有村名及村名的来历、演变以及这个村的发展简史、村规民约等内容，这也是农村学生识字不可或缺的宝贵资源。[5]教师如果利用好这一乡土色彩浓厚的重要教学资源，一方面可以让学生多识字、多阅读，另一方面还可以使学生了解家乡的历史，培养他们热爱家乡、建设家乡的情怀。

综上所述，我国西南边疆地区的农村小学及处在教学一线的语文教师，要一切从农村实际出发，不等不靠，因地制宜，认真落实"课程标准"对小学"第一学段"的识字教学要求，采用"两条腿走路"的措施和办法，一方面充分挖掘课堂因素和校内资源，另一方面积极开发利用农村现有文化资源，做到课内课外结合、校内校外统筹，努力总结、探索适合农村小学当下教学实际的识字教学方法，使小学"第一学段"的学生初步掌握独立识字的方法，不断提升识字效果，为下一学段的阅读及学习打下坚实的基础。

参考文献

[1] 中华人民共和国教育部. 义务教育语文课程标准［S］. 北京：北京师范大学出版社，2011.

[2] 钟启泉，汪霞，王文静. 课程与教学论［M］. 上海：华东师范大学出版社，2008.

[3] 陈佑清. 有效教学［M］. 北京：高等教育出版社，2016.

[4] 郑也夫. 吾国教育病理［M］. 北京：中信出版社，2013.

[5] 庞维国. 自主学习：学与教的原理与策略［M］. 上海：华东师范大学出版社，2003.

促使哈尼族小学生提高识字效率的几种策略

阅读提要：汉字是记录中华文化的符号，识读汉字是学习中华文化的前提和基础。对小学生而言，学习识字具有重要的作用和意义，识字教学也是小学低年级语文教学的重点和难点。调查发现，生活在云南省红河哈尼族彝族自治州的哈尼族小学生，由于受本民族语言（母语）、教育水平等因素的制约和影响，要在规定学段内完成识字学习的任务，面临许多困难。教师在哈尼族小学生的识字教学中，一方面应注意点面结合，灵活运用丰富多彩的识字教学方法，密切联系学生的生活实际，引导学生遵循规律、循序渐进地识字。另一方面应巧用、妙用课外学习资源，引导学生在沸腾的生活中主动认字、识字，充分激发学生接触社会、观察生活的兴趣，提高识字效率，使他们从小养成从生活的海洋中学习的观念和习惯，为今后的读写打下坚实的基础。这里主要讨论促使哈尼族小学生提高识字效率的几种策略，期望有助于民族地区小学语文教学质量的提升。

汉字是中华文化的瑰宝之一，从某种意义上讲，学习汉字的过程就是与中华文化亲密接触的过程。《义务教育语文课程标准》强调，"识字写字是阅读和写作的基础，是一二年级的教学重点"[1]。语文教育专家倪文锦在《小学语文新课程教学法》中对小学段的识字教学做了这样的定位，"累计认识常用汉字 3000 个左右，其中 2500 个左右会写，有较强的独立识字能力和主动识字的愿望和习惯。对学习汉字有浓厚的兴趣。能正确工整地书写汉字，并有一定的速度。能在书写中体会汉字的优美，有正确的写字姿势和良好的书写习惯"[2]。由这些论述可见，识字教学在小学语文教学中具有十分重要的地位和作用，是小学生进一步学习提高必须夯实的基础，应该引起教师和家长的高度重视。

进一步讲，识字是阅读和写作的基础，是小学语文教学的重点，也是小学生必须完成的主要学习任务之一。从"学会"和"会认"两个不同的角度出发，"课程标准"分学段提出了具体而明确的教学与学习要求，"第一学段（一、二年级）认识常用汉字 1600～1800 字，第二学段（三、四年级）认识常用汉字 2500 字，第三学段（五、六年级）认识常用汉字 3000 字"。其中，第一学段要求会写的字是 800～1000 个，第二学段要求会写的字是 2000 个，第三学段要求会写的字是 2500 个。也就是说，第一学段认识常用汉字总量占小学阶段识字总量的 50% 以上，仅第一册语文教材就要求学生至少认识 350 个生字。

对发达地区的学生来说，要完成《语文课程标准》规定的识字任务，也许不太困难；但对于边疆少数民族地区的小学生尤其是少数民族小学生来说，就是一件天大的难事——难认、难读、难记、难写、难运用。在此，我们不分析这些困难的具体表现，也不剖析形成这些困难的原因，而是主要结合一代又一代在一线奋斗的小学语文教师的生动实践，基于边疆少数民族地区小学生的学习实际，从解决问题和提高效果的角度出发，进一步探讨促使低年级小学生提高识字效率的策略和方法。以生活在云南省红河哈尼族彝族自治州的哈尼族小学生的识字教学为例，教师要针对"课程标准"对识字的要求和新教材的特点，根据哈尼族学生的年龄特点和心理特点，以"大语文观"指导和组织识字教学活动，[3]打破识字教学只局限于课堂和教材的做法，密切联系学生的生活环境，引导他们在沸腾的生活中主动识字，建立识字教学的开放系统，最大限度地提高识字效率，[4]为学生将来更好地进行阅读和写作打下坚实、牢固的基础。

一、激发兴趣，提高识字效率

实践表明，对边疆少数民族地区的小学生而言，成功的教学所需要的可能不是强制，而是激发其学习兴趣。也就是说，识字教学本来就比较枯燥、乏味，民族地区的小学生活泼好动，自制力相对较差。教师指导学生识字时，如果只是一味地向学生讲解偏旁部首、结构造型，或者反复让学生多读、多背、多写，久而久之，学生就会失去兴趣。

哈尼族小学生或许受本民族语言（母语）、教育水平、地方文化、民族文化等因素的影响，他们要完成识字学习的任务，就面临许多困难。比如，不少学生好玩、怕学，对他们而言生字难认、难读、难记、难写，更难以运用。如果教师忽视他们在上学前使用的语言几乎都是哈尼族语的实情，强制性地要求学生在多数学生家长很难给学生提供有效识字指导的情况下大量识字，可能会引起学生的厌恶情绪，挫伤他们识字的积极性。正确的做法是，教师要冷静面对这些困难，转换思维方式，学会换位思考，千方百计激发哈尼族小学生的识字兴趣，绝不能让他们把识字当成沉重的包袱，而是要把识字教学融入生活之中，最大限度地通过激发兴趣来提高识字效率。

在具体的识字教学中，教师要特别注重对学生兴趣的激发，充分利用边疆少数民族地区低年级小学生喜欢热闹、喜欢凑在一起、喜欢说话等特点，将要识读的生字形象地称为"小娃娃"或"小客人"，让学生有一种亲切感；将识字的过程迁移转化成交朋友或是招呼小客人的过程，亲切自然地展开教学，用亲和力自然唤起学生的注意力，使学生兴趣倍增，不断提高识字效率。

二、辨析比较，促进理解运用

汉字本身的音形义之间具有本质而密切的联系，在具体的教学活动中，为了让学生更好地区别字形和字义，读准字音，教师可利用辨析比较的方法，让学生快速、准确地理解字义，区别字形，识读字音。例如，在指导学生学习"湾"字时，可先在黑板上画一条直线，让学生认真观察，然后在无意间让直线突然弯曲，学生发现后往往说："老师，线画弯了。"教师在一旁写上"弯"字，帮助加深对"弯"字的理解。接着，可在弯曲的线条旁边画些水，然后把它圈起来，在图下写上"湾"字，学生马上就会明白"湾"与水有关。这样，学生对"弯"和"湾"的音、形、义就会记得很快，也会记得很牢。

针对学生用几个同音字或形近字组词时往往会张冠李戴的问题，教师也可采用辨析比较的方法，让学生在练习组词前先辨析生字的字音、字义和字形，然后再组词。具体做法是，把一组常用的同音字或形近字编成顺口溜，以歌谣的形式出现，让学生分析比较，加深理解，不但记得快、记得准，而且辨得清、分得明。例如，引导学生把读音和字形都有某些相似性的"清、请、情、蜻、晴"这一组生字，编成顺口溜，"有水才说'清'，有言才说'请'，用心想事'情'，有虫是'蜻'蜓，有日天气'晴'"。让学生在诵读的过程中辨析比较，理解记忆。然后再通过组词填空练习进一步运用和巩固。如"今天天气（ ）朗，我们来到小河边玩儿。小河里的水真（ ）啊！突然，草丛里跳出一只小（ ）蛙。我们正想捉住它，老师过来说：（ ）不要捉青蛙，青蛙是益虫，它能帮我们做很多好事（ ）。"这样，学生不但在辨析中理解、区别了这几个字的形、音、义，而且学会了用这些字来表情达意。

三、随口编创，帮助理解记忆

第一，编写谜语，记住字形。低年级小学生对谜语有浓厚的兴趣，教师可根据学生的这一心理特点，将谜语与学生的识记生字联系起来，把难字的各个部分分别串编成各种形象的事物，让识字教学变得活泼有趣，帮助学生更牢固地记住字形。例如，"腾"字，可以这样编："明月前边照，马上的丈夫长两角。""获"字可以这样编："草丛下面两条狗，谁能猜对归谁有。"学生听了之后，必然会在嬉笑中增强兴趣，一下子就记住要学的生字。当然，引导学生编谜语猜字义、记字形不是目的，更主要的目标是要引导学生抓住所学汉字的字形特点，进行适当的联想，不断增大识字量，学会运用汉语语言文字表情达意。有的学生编的谜语相当出色，连老师也想不到，如"贵"字，学生这样编，"小宝贝把小青虫的尾巴踩掉了"。又如"底"字，有的学生这样编："有个小不点来到广场下，买了一瓶乐百氏奶"，意思是"底"字下面的一点代表小不点，不能漏掉。再如教学"闪"字时，教师可以引导学生先把这个字拆成"人"和"门"两个字，然后编出"人很快进了门"的谜语，不仅有助于学生记住字形，而且还有助于他们弄懂字义。

第二，创编顺口溜识记字形。即根据汉字的结构特点，先分析某个汉字的部件和笔画，然后编成顺口溜，帮助学生记住字形。以这种方法创编的顺口溜往往具有幽默风趣、朗朗上口的特殊魅力，能满足学生的好奇心，激起他们学习和识记汉字的浓厚兴趣。一般而言，在教学中遇到难记、易错的字，就可借助编顺口溜进行教学。如教学"美"字，可编"羊儿没尾巴，大字在底下"；"金"字可编"一个人，他姓王，口袋装着两块糖"；"匹"字可编"三面有墙一面空，有个幼儿在当中"；"飘"字可编"西二小，真轻巧，风一吹，它就飘"。孩子们听后哈哈大笑，很快就会在愉悦的情绪中记住"美、金、匹、飘"这几个生字。

第三，创编故事帮助记忆。识字的关键是识读和记忆，难点是学过的字容易忘记。解决问题的办法是创编故事帮助记忆，让学生在听故事、读故事的过程中，反复与要识记的生汉字见面，做到字不离词，词不离句，句不离文，变生字的孤立状态为活泼状态，学生就容易理解，容易接受，容易记忆。例如，小学语文教材《乌鸦喝水》这篇课文里有"喝、渴、找、怎、办、法、高、想"等比较难记的生字，如果一边讲故事，一边让这些生字随着故事情节依次出现，肯定能提高学习效果。故事可以这样讲，"乌鸦口渴了，很想喝水，所以'渴'字是三点水旁；喝水要用口，所以'喝'字是口字旁。乌鸦四处'找'水喝，突然它看见一个瓶子里有水，但是瓶子太'高'，瓶口太小，乌鸦喝不着，'怎'么'办'呢？这时乌鸦看到旁边有许多小石子，就'想'出'办法'来了"。这样，学生在听故事的过程中，可进一步加深对"喝、渴、找、怎、办、法、高、想"等生字的记忆，也会深化对"办法"这个生词的理解。

四、寻找规律，提高识字能力

汉字形态各异，没有哪两个字的字形是完全一样的，这给识记汉字带来了很大困难。但如果依据规律将同类的字归在一起来识记，就会大大提高识字的效率。如形声字一般是由表示读音的声符和表示意义的义符组合而成的，教师可以利用形声字既表音又表义的特点，指导学生主动寻找规律，提高识字能力。例如，"竖心旁"与心理活动有关，"衣字旁"与穿衣戴帽有关，"三点水"与液体有关，"皿字底"与一些器具有关，"贝字底"与钱财有关，"反犬旁"与一些动物有关……学生如果懂得了某些偏旁部首的意义，就能根据它来揣摩字义，增强识字兴趣。又如，教师经常利用偏旁部首指导学生区分同一字根的同音字或形近字，有利于学生正确读准字音、理解字义，更有利于学生正确用字。如这几组生字，"菁、晴、睛、请、清、蜻、情"，"慕、墓、幕、暮"，"机、肌、饥、讥"，只要认清它们的偏旁部首，就不容易出错。

当然，对不同地区的小学生而言，寻找规律识字的难度也不完全相同。哈尼族小学生在上学前使用的语言都是哈尼族母语，大多数学生家长的汉语水平都不高，识字量也比较少，很难给他们提供有针对性的指导。对这些学生来说，寻找规律识字是一个长期的学习积累过程，不可能一蹴而就，关键在于通过量的变化，实现学习能力的持续提升。因此，教师在引导哈尼族小学生认识和寻找汉字的某些规律时，不能生搬硬套现成的某些做法，而应结合学生的生活及学习实际，针对哈尼族小学生记字形比较困难的问题，重点指导学生通过认读笔画、偏旁、部首和基本字来逐步理解和掌握生字的某些构字规律，帮助学生分析字形，记忆字形，提高识字能力，为今后的读写打下坚实的基础。

五、立足课堂，递进识字

课堂是小学语文教学的主要场所，立足课堂，循序渐进地识字是提高识字效果的主要方法之一。[5]

一是在课堂上通过汉字的基本笔画识字。汉字的字形无论是繁多还是简单，都是由各种笔画构成的，这些基本笔画是分析和记忆字形、正确书写汉字的有力工具。因此，教师在教独体字与合体字之前，可以教学生先认识和书写点、横、竖、撇、捺、提、竖弯钩、横折钩等基本笔画，以此来提高识字教学的效率。

二是在学生掌握一些独体字、合体字的基本构字规律的基础上，教师可以在课堂教学中有意识地讲解汉字构字的一般特点，帮助学生识字。例如，教"青"字表音的"清"、"情"、"请"等字时，可引导学生先看拼音，明确这些字的声母和韵母都相同，只是声调不同；再看字形，明确这些字里都有"青"字，进而指出"青"在里面起表音的作用，然后通过对偏旁的分析揭示其表义的作用。又比如，教"清"字时，指出它是清洁的"清"，清洁卫生离不开水，所以用三点水做偏旁，然后再教课本上的"清早"，指出清早的空气像水洗过一样清新，所以"清早"的清也用三点水做偏旁。通过这样分析就能帮助学生初步建立偏旁表义、基本字表音的大致概念。

三是在课堂上教学生识读会意字。会意字一般都是由独体字组合起来构成的，教师在课堂上教学生识记这类字时，要注意启发学生动脑思考，尽可能理解字义，从而提高识字效率。[6]例如，教"拿"字时，教师可先张开手去拿东西，然后张着手抬起，表示怎么也拿不起来，而把手一合就拿起来了，再启发学生想出记忆的办法——合手为拿。又如"人"与"木"组合为"休"字，两"人"相跟组合为"从"字，"不"与"正"组合为"歪"等。学生通过分析比较，轻轻松松就能记住字形，读准字音，了解字义，还会对每个生字留下比较深刻的印象。

四是在课堂上归类识字。比如，教师既可以归纳偏旁相同的字，也可以对共同表音的形声字进行归类，使学生更好地掌握其构字特点，增强记忆。例如，"狼、粮、娘、浪"这组字都有"良"字表音，属于形相似、音相近的字，但由于它们的偏旁不同，所以又各有不同含义和用法，适当归纳后更有利于记住其读音。又比如，偏旁相同的字归类法，"晴、晒、暖、晨、晚"，"江、河、湖、海、洋、洗"，"打、拍、拉、拖、抓"等，它们都属于偏旁相同的字，合理进行归纳，可使学生在积累中进一步发现，凡与太阳有关的字一般都是"日"字旁，凡是与水有关的字一般都是"三点水"旁，凡是与"手"有关的字多是"提手旁"，等等。这样日积月累，学生就能举一反三，逐步掌握偏旁表义的识字规律。

五是在课堂上培养学生独立掌握汉字的能力。具体讲，就是在分析字形时，注意启发学生动脑筋想办法强化对字形的记忆，培养其独立识记和掌握汉字的能力。例如，教学"驮"字时，告诉学生马长大后才能"驮"东西，所以"马"字加"大"字组成"驮"字。又如，教学"桨、浆、奖"三个字时，让学生自己进行归纳，然后说出，船桨一般是木头做的，所以"桨"字是"木字"底。打浆糊时要加水，所以"浆"字是"水"字底。某人有了很大的进步或做出很大的成绩才能受到奖励，所以"大"字做底的字就是奖励的"奖"。虽然这三个字容易混淆，但学生掌握了汉字的构字规律，就会分得清，记得牢，不会再读错、用错。

六、引导学生在生活中随机识字

《义务教育语文课程标准》明确指出，语文课程应该是开放而具有生活气息的，应该是生动而富有创新活力的。语文教学应尽可能多样化地满足不同地区、不同学校、不同学生的需求，并能够根据社会的发展不断自我调节和更新。陶行知先生也曾说过，文字是生活的符号，要与生活连在一起教。也就是说，语文学习的外延和人类生产生活的领域具有密不可分的关联性，几乎可以说哪里有生活，哪里就可以进行语文学习。小学生的识字教学不应只是单纯围绕课文进行的简单活动，而是与学生的生活实际紧密联系的某种特殊活动。教师要充分利用学生可能接触的生活资源和已有的生活经验，最大限度地把识字面扩展到他们所接触的广阔生活空间之中，使其在生活中识字，在识字中创新生活，不断提高学习效率。学生一旦基本掌握正确的识字及学习方法，就会产生两个飞跃，一是由"学会"变成"会学"，二是由"被动学习"变成"主动学习"。

引导学生在生活中随机识字的方法很多，这里择要列举几种。

第一种是给实物贴标签识字，也就是把识字学习与认识事物结合起来，引导学生在生活的场景中识字。比如，因为从小父母说的、教的都是本民族的语言，哈尼族小学生在识字之前对实物的汉语名称认知甚少，很难用汉语说出各种物体的名称。教师可以鼓励学生给学校或家里的某些用品贴上汉语标签，学会在生活的过程中识字，这样做既可以帮助哈尼族小学生学会说各种实物的汉语名称，使其认识更多的汉字，还有利于激发他们的识字兴趣，满足他们的成就感。具体讲，在学校里，教师可让学生自制卡片或纸条（不会写的字请教师代写），可在不损坏公物的前提下，指导学生把教室里的可视物品都贴上写有拼音和汉字的卡片或纸条，让学生触目可及，随时可以学习，老师在教学中可以适当引读，课后与学生闲聊时还可以随机抽查其识读情况。这样，几乎是零基础起步的哈尼族小学生就能在短时间内认识几十个甚至上百个难度较大的字，增强学习信心，立志学好中华民族的共通语言。教师也可以引导学生在家里日常用品上贴标签识字（注意征得家长的同意），如在衣橱上贴上"衣橱"两个字，在做饭用的灶台上贴上"灶台"两个字等，将家中可以利用的日常生活用品都贴上标签，这样做不但有利于认识更多的汉字，而且可以让学生学到许多口语化、生活化的词汇，从而激发学生浓厚的识字兴趣。

第二种是充分利用学校的文化资源识字。学校是一个文化氛围相对较为浓郁的育人场所，学校的很多地方都会展现出汉字的无限魅力。教师可以根据课程标准的要求，用好、用活教材，把识字教学从课堂扩展到课外，精心打造或设计与学生生活及经验密切联系的各种识字活动，促使学生大量识字。比如，可以引导学生认读学校的校名、校训、校风、教风、学风，可以引导学生认读班级和年级的名称，可以引导学生认读校内的各种标识、标牌及宣传标语，如"百年大计，教育为本""好好学习，天天向上""为中华之崛起而读书"等。之后，再引导学生观察、识读校园内或教室内的板报主题，从醒目的标题开始认起，由优秀学生领读或带读，也可由老师利用课余时间教读和带读，学生跟着老师认读。由于这些字、句和文章，学生平时在校园里经常接触，耳濡目染，已经认识了其中的很多生字，所以在很短的时间内就能完全认读下来。最后，教师指导学生将识字活动合理扩展到认读亲戚朋友的名字、称呼、家庭住址、工作单位等，还可引导学生将识字活动扩展到社会，认读饭馆、旅社、厕所、乡政府、商店、村委会等场所的汉字。通过上述这些识字活动，必然会使学生深深体会到，识字学习的资源几乎无处不在，识字实践的机会几乎无时不有，只要用心、用力，处处都可以认读生字，学习语文。

七、千方百计激发学生的识字兴趣

能否激发起学生的识字兴趣，是决定识字教学成败的关键因素之一。教师在日常的教学活动中，要善于把似乎有些呆板的识字教学和学习活动，变得活泼生动，使学生能好学、乐学、善学。目前使用的小学语文教材，非常尊重且注重6～14岁儿童的心理特点和认知规律，注重利用多种编写方式激发学生的学习兴趣。仅就识字这一教学内容来看，课本中就有听读识字、拼音识字、看图识字、互助识字等多种方法。在具体的识字教学过程中，教师还可以辅之以游戏识字、谜语识字、儿歌识字等方法，把单调、无味的识字学习外化为学生喜闻乐见的丰富活动，使其产生良好的教学效果。

以哈尼族小学7～9岁男生为例，他们从小生长在农村，比较好动，翻山越岭如履平地，爬树采摘灵活如猴，下河戏水滑如泥鳅，对各种游戏活动情有独钟。教师可以根据学生的这一特点，把识字教学与游戏活动紧密结合起来，使学生在玩中学，在学中玩。

比如，教师可以利用哈尼族小学生几乎人人喜欢歌舞的特点，采用拼音、图画与生字对号的"找朋友"游戏，[7]先把学生分成两组站在教室的两边，一组拿着写有拼音和画有图画的卡片，另一组拿着相对应的生字卡片，一边唱着《找朋友》的歌曲，一边慢慢向中间靠拢，找对后再由两名同学分别读一读所拿的生字卡上的字。这样，既使学生在游戏中享受到了无限的乐趣，激发了他们的识字兴趣，也达到了识字教学的目的，实现了教学目标。

又比如，哈尼族小学女生，大多心灵手巧，特别喜欢吟唱儿歌、民族歌谣、山歌，有的还喜欢无师自通地哼唱流行歌曲，教师可以巧妙地把学生的这一鲜明特点转化为教学优势，引导学生在快乐无比的歌唱活动中大量识字。具体方法很多，可以不必生硬地强调只能用某一种方式，或者主观化地认为哪一种方法好，哪一种方法不好。既可以让学生边玩边吟唱儿歌，也可以让学生收集本民族的汉语歌谣互相传唱，还可以鼓励学生把一些适合他们歌唱的流行歌曲抄写下来。这样，就会使识字教学变得妙趣横生，促进学生更好更快地识记汉字。

综上所述，我们需要进一步强调的是，汉字本身就是中华文化生生不息的重要瑰宝，夸张点讲，几乎每个汉字都记录或承载着丰富、深厚的文化信息。[8]也就是说，小学生尤其是哈尼族等少数民族小学生学习、使用汉字的过程，不仅是识读和运用一种文字的过程，更是学习中华文化、认同中华文化、传承中华文化、创新中华文化的根本性工程。[9]这样看，或许识字、认字在小学语文教学中的作用和意义怎么强调都不算过分；我们结合哈尼族小学生的生活实际，集中讨论促使其轻松识字的某些方式或策略，也就变得更有价值和意义。

从普遍的意义上看，要有效提高少数民族地区小学生的识字效率，教师的教学方法和学生的学习方法同样重要，缺一不可。只有教师充分发挥教学主体的指导及引领作用，充分激发学生学习主体的内生动力及其主观能动性，然后再因地制宜、实事求是地落实好每个学段甚至每个环节的教学要求，才能达成社会及家长期望的目标。

我们相信，随着小学语文教育教学改革的持续推进，随着教师对教育教学规律的深入探索和研究，我国西南边疆少数民族地区小学生的识字教学一定会进入一个崭新的阶段，哈尼族等少数民族小学生识读及使用祖国语言文字表情达意的能力和水平一定会不断提升。

参考文献

[1] 中华人民共和国教育部. 义务教育语文课程标准［S］. 北京：北京师范大学出版社，2011.

[2] 陈新民. 识字写字教学当遵从汉语言文学的特点［J］. 甘肃教育学院学报（社会科学版），2003（4）.

[3] 钟启泉，汪霞，王文静. 课程与教学论［M］. 上海：华东师范大学出版社，2008.

[4] 陈佑清. 有效教学［M］. 北京：高等教育出版社，2016.

[5] 庞维国. 自主学习：学与教的原理与策略［M］. 上海：华东师范大学出版社，2003.

[6] 王晓辉. 新课程：语文教育怎样改革［M］. 成都：四川大学出版社，2003.

[7] 周均东. 儿童文学教程［M］. 北京：中国人民大学出版社，2016.

[8] 周振甫. 新课程：周振甫讲古代文论［M］. 南京：江苏教育出版社，2005.

[9] 冯天瑜，何晓明，周积明. 中华文化史（下）［M］. 上海：上海人民出版社，2005.

新课程标准视野下的小学汉语拼音教学探析

阅读提要：汉语拼音教学是小学语文教学的基础性工程。教师有针对性地选择和使用教学方法，有助于引导小学生轻松愉快地学好汉语拼音。在具体的教学实践中，要始终把握好三个方面的教学重点：第一要引导学生读准汉语拼音的声母和韵母的读音，记住其形状和写法（利用情境图创设语境、利用图画赋予字母某些情感色彩等）；第二要引导学生掌握汉语拼音的拼读音节，学会两拼法和三拼法；第三要联系学生的生活实际，让每一个音节都充满情感乐趣，都与生动活泼的汉字发生某种联系，从而使学生乐学、好学。

多年以来，如何抓好小学生的汉语拼音教学一直是不少小学语文教师深感困惑的问题。有的教师认为，汉语拼音是帮助小学生识字的拐杖和工具，[1]小学生从进入一年级学习语文的第一节课开始，就应该学习汉语拼音，这样才有利于他们大量识字。有的教师则认为，刚入学的小学生根本用不着先学汉语拼音，而是应该遵循小学生的认知和生活实际，先教他们学识字，等他们有了一定的识字量后再教其学习汉语拼音，这样才能更好地帮助小学生使用汉语拼音这个工具认读更多的汉字。令许多小学语文教师更为费解的问题是，尽管自己在汉语拼音教学上花费了大量的时间和精力，但最终结果总是不尽如人意，甚至不少高年级的小学生对许多音节都有"不识庐山真面目"的感觉，往往在拼读某个音节时，读不准甚至读错音节中的某个部分，而字音也跟着读错。

在这里，我们不去简单判断，究竟是先学汉语拼音、再学识字更好，还是先学识字、再学汉语拼音更妙；而是一方面从帮助教师摆脱汉语拼音教学中的困惑出发，另一方面从寻找帮助小学生学好汉语拼音的有效方法入手，对新课程标准视野下的小学汉语拼音教学做一些初步探析，以期收到抛砖引玉的效果。

一、因地制宜采用灵活多样的教学方法，促使学生轻松学拼音

毋庸讳言，对于刚入学的小学生而言，学习汉语拼音可能是他们在小学语文课上遇到的第一个难题。在他们眼里，汉语拼音字母不但看上去有些怪异，而且与他们的生活经验相去甚远；既不好读，也不好记，更不好写，实在令人讨厌。如果教师总是用陈旧呆滞的教学方法逼着学生死记硬背，孩子们甚至会对那些陌生的拼音符号产生恐惧心理，从而对学习失去兴趣。这显然是不应该提倡的做法。

正确的做法是，一方面从根本上弄清"课程标准"对汉语拼音的教学要求，"汉语拼音教学尽可能有趣味性，宜以活动和游戏为主，与学说普通话、识字教学相结合"[2]；另一方面严格按照"课程标准"的要求设计、组织和实施教学，让学生在其学习生涯之初有一个愉快的良好的开端。也就是说，教师应想尽各种办法，努力从多方面、多渠道调动学生学习汉语拼音的强烈兴趣，从而使其轻轻松松、开开心心地学好拼音，为以后的识字及学说普通话奠定坚实的基础。

（一）创设语境及情境，让每个字母都变得有情有趣

对小学生来说，语文课如何入门显得十分重要。总的要求是，不能让语文的入门课给学生的心理留下任何阴影，而是要通过入门教学使语文成为孩子们念念不忘的课程。因此，从教小学生学习汉语拼音的第一节课开始，教师就要特别注意教学方式方法的选择和实施。我们认为，比较合理的做法主要是，教师应充分借助和利用教材的每一课中为辅助拼音学习而编入的一幅幅画面优美有趣的情境图，合理创设某些语境或情景，使汉语拼音的学习最大限度地与学生的生活经验发生某种或隐或显的联系，从而破除对汉语拼音字母的陌生感觉，拉近小学生与拼音字母之间的距离。这样做不但有利于教会学生准确掌握拼音字母的读音和形态，而且会使学生在识字的过程中慢慢地对汉语拼音产生兴趣，有助于他们使用汉语拼音这个工具去识读更多的汉字。

例如，一年级刚入学的孩子们学习第一课的单韵母"a"时，教师应先引导他们仔细观看课本上配置的情境图。学生会惊异地发现，课本上一个小女孩正张大嘴巴让一个笑眯眯的医生叔叔看，然后进一步引导学生想象，这个医生叔叔正在给课本上的小女孩检查扁桃体，让她发出"啊"的声音，用汉语拼音字母来表示就是"a"；接着进一步引导学生反复观察并训练发出"a"音（让学生学着课本中小女孩的样子跟老师发几次"a"音）。这样，学生在他们并不太陌生的情境中学习，不知不觉地就记住了"a"的发音和字形。接着，再引导学生观察课本中辅助学习单韵母"o"和"e"的情境图。画面上，一只美丽的大公鸡正在迎着朝阳"喔喔"打鸣，农村小学生对这个美丽的情境非常熟悉，大多会被它所吸引，这时教师再细心引领学生学习，学生便能在不知不觉中学会"o"的发音，记

住它的形态。同样，"e"也可以用这样的方法来组织教学。学生对这种教学方式不但乐于接受，而且会觉得乐趣无穷，对他们今后的学习很有促进作用。

（二）利用图画辅助教学，让每个字母变得可亲可近

对刚入学的小学生来说，只有把汉语拼音字母变成富有趣味的生活情景，使其充满形象、声音、旋律等元素，读写教学的过程才能比较轻松愉快地进行。有的语文教师甚至很夸张地说，只要把图画引入课堂，哑巴也能学会说话。[3]这充分说明，利用图画辅助教学，让每个字母都具有情感色彩，是一种比较有效的拼音教学方法。换句话说，在具体的教学实践中，教师可以把抽象生硬的字母和色彩鲜艳的图片形象地联系起来，生动有趣地组织汉语拼音的教学。比如，教学单韵母"i、u、ü"时，教师可以先引导学生观察韵母"i、u、ü"和教材中的三幅图之间的联系；孩子们很快会发现，i就像图画上的小蚂蚁的身子，u就像图画上的乌鸦做的窝，ü就像图画上那条张着大嘴巴的鲤鱼，这个字母上面的两个点就像鲤鱼吐出的水泡。接着，教师故意假装怀疑，慢慢地把"i、u、ü"移向相应的图形，进一步印证学生的发现是否正确。当孩子们看到他们的观察结果和老师的印证完全一致时，会显得很激动、很兴奋。这时，教师可因势利导，要求学生反复读几遍字母，记牢这些字母的写法。这样，既促使学生调动多种感觉器官来学习拼音，又让他们觉得整个学习过程情境互动、趣味盎然，似乎每个字母都具有温馨的感情色彩，都是那样可亲、可近。

（三）通过比较学习，熟记每个拼音字母

一般而言，刚入学的孩子们往往只会注意学习对象的普遍性、

外在性等特征，几乎不会去关注它们的本质特征或细微差别，因而会在学习中遇到很多这个阶段必然会出现的困难。比如，在学习汉语拼音字母时，不少孩子很容易把读音或字形相近的几个字母混淆起来，分不清哪个该发什么音，哪个该怎么书写。这时，教师应使用比较教学法来组织和开展教学，故意把两个或几个读音、字形相近的声母和韵母放在一起集中教学，引导学生比较它们之间的异同，有利于小学生克服在学习汉语拼音的过程中必然会遇到的这种阶段性困难。

例如，通过 b 和 d 的比较教学，让学生牢牢记住，半圆在右读作 b（播），半圆在左读作 d（的）。教师可以一边让学生认清字形，一边做发音示范，然后再让学生跟着读几遍；也可以采用编儿歌的形式，引导学生记忆字形和读准字音。如"b d 对面坐，讲故事来，唱儿歌，b（播）的脸儿朝向右，d 的脸儿朝向左"。通过这样的比较学习，既可以让学生记住形体相近的字母的字形，又可以让学生读准相近字母的读音，避免混淆，从而为后面的拼音教学打好基础。

（四）利用演示教学法强化学生的形象记忆

相比较而言，刚入学的小学生形象思维比较活跃，特别善于联想和想象。教师在汉语拼音的教学过程中，可充分利用孩子们的这一优势，合理运用体态语、辅助教具等手段和方式，恰当地组织和演示教学内容，帮助学生掌握发音的正确方法。

比如，引导学生学习平舌音"z c s"和翘舌音"zh ch sh"时，教师可以一边示范发音一边辅之以手势进行教学。具体讲，教学生学习平舌音时，教师可将掌心向上，平伸手掌；教学生读翘舌音时，可将手掌的四指向内卷曲，辅助教学。又比如，引导学生学习汉语拼音的四个声调时，教师也可以根据四个声调升降的不同变化，做出相应的手势，然后再让学生跟着手势，读准每个声调。这种演示教学法，有利于强化学生的形象记忆，提高学习效果。

（五）通过编儿歌引导学生分辨拼音字母

小学生思想单纯，心无杂念，记忆能力很强。教师在汉语拼音教学中可以充分利用学生的这一特点，灵活地编一些顺口易记的儿歌来辅助教学，从而帮助学生牢记读音和发音要领。

比如，汉语拼音的声母数量较多，有的外形还很相似，对一年级的小学生来说，不但短时间内难以读准、记牢，而且容易混淆，如果把它们用学生熟知的事物编成儿歌，使抽象记忆转化为形象记忆，能实实在在地提高学习效果。如这样的声母儿歌，"听广播 b b b，爬山坡 p p p，两个门洞 m m m，一根拐棍 f f f。左下半圆 d d d，鱼儿跃起 t t t，一个门洞 n n n，一根小棒 l l l。小鸽子 g g g，小蝌蚪 k k k，一把椅子 h h h，一只母鸡 j j j。七个气球 q q q，切西瓜 x x x，像个 2 字 z z z，像小刺猬 c c c。小蚕吐丝 s s s，织毛衣 zh zh zh，吃东西 ch ch ch，石狮子 sh sh sh，一轮红日 r r r，一个树杈 y y y，一只乌鸦 w w w"[4]。需要说明的是，这样的儿歌创编只是一种辅助教学手段，不是声母教学本身；教师在教学过程中要引导和启发学生共同编创儿歌来辅助学习，但不能让只是以某种教学手段的方式存在编儿歌这种形式，影响或冲淡既定的教学及学习目标。

又比如，教学生学习韵母 ai ei ui 时，可以根据学生的生活实际这样编写儿歌辅助学习："挨着走啊 ai ai ai；齐用力啊 ei ei ei；打电话啊 ui ui ui。"还比如，为了帮助小学生分清前鼻韵母和后鼻韵母，尤其是读准后鼻韵母，教师可引导学生做这样的练习："ing ing ing，天上星星亮晶晶；in in in，我们刻苦学拼音；ong ong ong，天上太阳红彤彤；ang ang ang，我们一起高声唱。"[5]这种通过编儿歌引导学生分辨拼音字母、读准拼音之母的方法，能使学生在轻松愉快的氛围中记牢学习内容。学生一旦尝试到这种学习方法带来的成功和乐趣，会进一步增强学好汉语拼音的信心。

二、循序渐进地引导和帮助学生，促使其学好拼读音节

一般而言，入学一段时间后，大多数小学生都能学会声母和韵母。在此基础上，教师应及时跟进，引导学生学习拼读音节，这是学习汉语拼音的关键内容之一。在教学过程中，教师要充分激发学生的学习兴趣和求知欲望，积极引导学生理解声母、韵母及声调组成音节的一般规则，让学生明白只要学会拼读音节的基本方法，自己就能用拼音这个工具去认识很多生字，从而增强学生学习拼读音节的兴趣。

一是学懂、学好两拼法。简单地讲，两拼法就是声母和韵母相拼的方法。鉴于刚学会拼音字母的学生对拼读音节大多会感觉难度不小，教师在引导学生学习两拼法时，还是应充分利用插图强化学生对学习对象的认知和记忆，第一步指导学生先通过看图，尝试读出音节，在学生看懂插图的含义并试着读出音节后，进一步引导学生通过拼出音节的方式识读生字。[6]也就是说，学懂、学好拼读音节的要领是举一反三，触类旁通，大胆训练。比如，很多小学语文教师都会说的一个拼读诀窍是，"前音轻短后音重，两音相连猛一碰"。在学生掌握拼读音节的基本方法后，教师可指导他们进行拼读练习十几次；当学生对有的音节熟练到几乎可以顺口而出时，教师再激励学生找更多的生字大胆拼读，不要怕出错。表面上看，这样的拼读方式好像很笨拙，其实很有实用价值。比如，练习 b p m f 与 a 相

拼，可先让学生反复练习用这几个声母与 a 相拼，等学生熟悉到一定程度，就可以改用这几个声母与 o 和 u 相拼，最后故意打乱字母顺序，让学生随机拼读，以免形成不看声母、韵母的搭配及组合，只是闭着眼睛胡乱拼读音节的毛病，真正促使学生学懂、学好两拼法。

二是准确掌握三拼连读法。按照汉语拼音的拼读规则，如果遇到声母、韵母中间有介音的情况，就要用"三拼法"进行拼读。具体讲，三拼法的拼读要领是"声轻、介快、韵母重，三音相连猛一拼"[7]。教师在指导学生拼读三拼音节时，第一步要让学生认识介母，即位于声母和韵母之间的字母，且介母通常是由单韵母 i u ü 来充当。接着第二步应让学生知道，声母连介母再连韵母，由慢到快读成一个音节，连读时气流不能中断。第三步则是引导学生主动尝试拼读，如拼读"gua"，就是要把声母"g"、介母"u"和韵母"a"快速连读成一个音节 guā（瓜）。

三、联系生活及学习实际，促使学生不断提高拼读能力

一旦学生掌握了读准和书写汉语拼音的基本知识，教师应乘势跟进，引导学生通过小组游戏、注音阅读或图画韵律等方式，进一步激发学生学好汉语拼音的强烈兴趣，促使他们不断提高拼读能力。

一是在校园文化中乐学拼读。一年级的小学生好奇心强烈，对周围的一切都充满兴趣，教师应科学利用孩子的这些特点，让他们通过了解自己的同伴和老师，通过认识和熟悉新的环境等方式，在积极愉悦的环境中学习汉语拼音。比如，在学生佩戴的胸卡上，给校名、班级、姓名注上拼音，要求学生见到同学能拼出名字，相互问好，以此促使学生在轻松、熟悉的环境中练习音节的拼读。再比

如，指导学生给教室里所有的物品贴上标签并给每个汉字都注上拼音，使学生一进入教室就能有意无意地练习拼音朗读。如黑板，学生每次看到"hēibǎn"这两个音节，就会不自觉地拼一拼，时间一长，就可以熟练拼读了。还比如，教师可请学校教务处等部门把校园里的每一块墙报、每一条宣传标语等使用到的汉字都标上拼音，让刚学会拼音但识字还很少的一年级新生不但能兴致勃勃地提高拼读能力，并且能营造良好的学习氛围。

二是在家里乐学拼读。众所周知，学习语言的一种重要方法是，给学生能看到的东西分别贴上标签，或者在其生活场所的墙壁等地方贴上需要认读的字母、音节甚至生字生词等，让学习者置身于特定的氛围和环境之中，时时在感受，处处在学习。[8]显然，家庭或自己的卧室等生活和起居空间，就是粘贴标签并反复刺激或唤醒孩子学习的重要场所。比如，教师可指导家长让学生自己尝试把家里所有的物品都贴上拼音卡片，让孩子空闲时便读一读，家长还可以和孩子比赛，看谁拼得快，读得准。又比如，在外务工的家长可以鼓励孩子用拼音互相写信交流（尽量少用"微信"等交流方式）；即便家长跟孩子生活在一起，也可以鼓励孩子用拼音写留言条、用拼音写祝福的话等，促使孩子不断提高拼读能力。家长是孩子的第一任老师，家庭是孩子成长的温馨港湾，只要父母用心，家庭和谐，孩子勤奋努力，这些学习方式不但不会给他们增加负担，反而能使学生在轻松欢快的氛围里学好拼音，增长知识，提高能力。

俗话说，教学有法，教无定法。小学汉语拼音教学也没有放之四海而皆准的模式和方法；具体的教学方法的选择以及日常教学的组织和实施，既要充分突出学生的主体地位，最大限度地调动学生学习的积极性和主动性，又要因地制宜、结合实际、举一反三，注意培养学生的自主学习能力。在教学过程中，还要不断增强学习指导的针对性和实效性，让学生动眼、动口、动脑、动手，多角度强化学习和训练，真正学懂、学好汉语拼音，[9]成为掌握这一拼读工具的主人。

综上所述，汉语拼音字母是抽象的表音符号，缺乏直观性和形象性，学起来容易产生厌倦情绪，但它在小学语文教学中又具有不容置疑的基础性作用，不能忽视。因此，小学语文教师应根据一年级小学生认识事物总是从具体到抽象、从感性到理性的认知特点，充分遵循儿童的认知规律，结合学生实际，有针对性地选用教学方法，使孩子们能轻松愉快地学会、学好汉语拼音。教师要特别注意使用直观、形象的教学方法，通过引导学生观察教师的口形、动作以及看挂图、卡片等方式教其学习汉语拼音，掌握拼读要领；还可以使用现代教学手段，把枯燥的内容具体化，把抽象的字母形象化，使学生快乐地学习拼音。另外，教师的教学要始终把握好三个重点：一是引导学生读准汉语拼音的声母和韵母的读音，记住其形状和写法；二是引导学生掌握汉语拼音的拼读音节，学会两拼法和三拼法；三是联系学生的生活实际，让每个音节都充满情感和乐趣，都与生动活泼的汉字发生某种联系，从而使学生乐学、好学。

参考文献

[1] 中国社会科学院语言研究所词典编辑室. 现代汉语词典（第5版）[Z]. 北京：商务印书馆，2005.

[2] 中华人民共和国教育部. 义务教育语文课程标准 [S]. 北京：北京师范大学出版社，2011.

[3] 车红. 谈新课程标准下汉语拼音教学中情感因素的挖掘 [J]. 山东教育，2003（7）.

[4] 郭根福. 小学语文新课程教材教法 [M]. 长春：东北师范大学出版社，2003.

［5］汪玉珍. 小学语文知识结构与教学指导［M］. 长春：吉林教育出版社，2000.

［6］倪文锦. 小学语文新课程教学法［M］. 北京：高等教育出版社，2003.

［7］陈佑清. 有效教学［M］. 北京：高等教育出版社，2016.

［8］庞维国. 自主学习：学与教的原理与策略［M］. 上海：华东师范大学出版社，2003.

［9］王晓辉. 新课程：语文教育怎样改革［M］. 成都：四川大学出版社，2003.

促使小学生轻松学习汉语拼音的策略

阅读提要：汉语拼音是小学语文教学的重点和难点。要促使小学生轻松学好汉语拼音，可以采用的主要策略和方法是：手脑并用记忆拼音字母的声和形，编顺口溜学习拼音，在游戏和故事中激趣，有针对性地突破教学难点。这些策略有助于培养学生学习汉语拼音的综合能力，提高教学质量。

我国颁布的《义务教育语文课程标准》要求，小学生要"学会汉语拼音。能读准声母、韵母、声调和整体认读音节。能准确地拼读音节，正确书写声母、韵母和音节"。课程标准的"教学建议"中指出，汉语拼音教学要尽可能有趣味性，要与学说普通话、识字教学相结合[1]。同时还强调，要充分利用儿童的生活经验等因素，给学生创造一种愉快的学习情境，在活动中、讲故事中、做游戏中，调动学生学习汉语拼音的积极性，使学生能兴趣盎然、满怀信心地轻松学好拼音。

上述要求和建议中至少包含着三个方面的重要信息，一是引导小学生学会汉语拼音是小学语文教学必须达成的重要目标之一；二是教师要遵循学生的认知规律，抓住时机，充分利用一切积极因素，指导和帮助小学生学好汉语拼音；三是汉语拼音教学要采用多种教学方法灵活实施，使学生不仅能清晰准确地把握拼音知识，而且能利用拼音这个工具学说普通话并大量识字。

下面，我们把这些信息融合为一个整体，更多地从方法论的角度具体讨论促使小学生轻松学习汉语拼音的主要策略和方法。

一、明确小学汉语拼音教学的重点和难点

找准小学汉语拼音教学的重点和难点，是促使小学生学好汉语拼音的前提条件。一般而言，小学汉语拼音教学的重点是引导学生学会汉语拼音字母和拼音方法，难点是指导学生学好声母、鼻韵母的发音和三拼连读的方法。在教学中，教师要提高认识，给拼音教学准确定位；要重视字母的教学，一方面要指导学生准确掌握发音方法，另一方面要充分运用插图、卡片等行之有效的教具，帮助学生掌握字母的写法。对那些声母和韵母相拼的音节，要侧重引导学生掌握"前音轻后音重，两音相拼猛一碰"的拼音要领，如 b—a—ba, d—a—da, m—a—ma……[2]对那些声母、韵母间有介母相拼的音节，则要引导学生用"三拼法"进行拼读，要指导学生侧重领会和掌握"声轻介快韵母响，三音连读很顺当"的拼读口诀，把握好快速连读这一关键，逐步掌握"三拼法"的拼读规律，形成拼读能力。这样，教师反复示范，反复引导，学生反复拼读，反复练习，日积月累，自然会提高综合拼读能力。从示范和指导的角度看，教师既可以领读、范读，也可以播放多媒体课件让学生先认真听，然后再试读、跟读，等学生熟悉到一定程度后，教师再往前推进一步，鼓励学生大胆自读。

当然，培养和激发学生学习汉语拼音的兴趣也十分重要。一般讲，在刚开始学习汉语拼音时，就要让学生充分了解汉语拼音的用

处，以此激发他们的学习兴趣。例如，可以利用小学生喜欢的语气告诉他们，学习汉语拼音的用处很大、很大，它能帮助我们识字、读书，还能帮助我们学说普通话；如果继续往前看，学会了识字、读书并会说一口流利的普通话，长大后想去哪里就去哪里，走遍天下都不怕。除此之外，还可以通过各种方式激发学生的学习积极性和主动性。比如，可以针对农村的小学生爱说、爱唱、爱跳的特点，采用边做游戏、边念儿歌的方式来激发学生学习汉语拼音的兴趣，帮助他们记住一些发音要领和拼读特征。有的教师在小学生入学时的常规训练中，教他们唱《拼音字母用处大》的儿歌，并配合自由的动作，激发学生的学习兴趣[3]。

C = 1 2/4

5 i̠ i̠5 | 66 5 | 36 65 | 35 2 |

拼音字母 用处大，认字识字，需要它，

i̠ i̠ 65 | 35 6 | 53 21 | 65 i̠ ‖

帮助学习普通话，我们必须　学好它。

实践证明，优美的儿童歌曲，不但可以促使学生牢牢记住拼音字母的独特用处，而且能大大激发他们学习汉语拼音兴趣，收到事半功倍的效果。

二、通过编顺口溜的方式帮助学生掌握汉语拼音字母的声和形

在拼音教学中，很多小学语文教师倍感困惑，教一年级的小孩子学拼音，他们学得快，忘得也快，到底应该如何解决这个问题？有的老师为此发愁，有的老师为此烦恼。实际上，这些问题就是小学生学习特点的外在表现，不用过分大惊小怪。解决这个问题的方

法也很多，总的思路还是要尊重学生的年龄特点，结合实际，对症下药，才能收到实效。我们认为，农村小学的孩子们活泼好动，喜欢诵读节奏明快、韵脚绵密的地方歌谣或谚语，教师可以充分利用农村小学生的这一鲜明特点，引导孩子们通过编顺口溜的方式来学习汉语拼音。需要强调的是，在这里，编顺口溜只是一种学习拼音的方式，教师一定要把准教学目标，巧妙进行引导，不能让编顺口溜本身影响教学目标的实现，更不能因为忙着编顺口溜而忘记了学习拼音[4]。

例如，在教学 b、p、m、f、d、t、n、l、g、k、h、j、q、x 几个声母时，可有意识地引导学生编这样的顺口溜来辅助学习。

bbb听广播（bo），ppp爬山坡（po），

两个门洞 mmm，一根拐棍 fff。

小马快跑 ddd，伞钩把子 ttt，

一个门洞 nnn，一棵小棍 lll。

当下的小学语文教学强调要把学习的主动权还给学生，变传统的学生跟老师读为"我们一起变，大家一起读"，既关注学生自我感受的独特性，也注意营造合作学习的氛围。因此，教学进行到合理的环节之后，教师可以大胆地激发学生编顺口溜学拼音的能动性，让学生根据自己的生活经验、围绕学习目标自由进行创编，编好后全班同学一起评选，看谁编的顺口溜最好，然后组织全体学生一起诵读大家认为编得最好的顺口溜，提高拼音教学的效果。需要注意的是，当朗朗上口的顺口溜极大地调动起孩子们学习拼音字母的兴趣之后，教师要保持绝对的冷静，引导孩子们把那种有些忘乎所以的兴奋状态，聚焦到拼音字母的学习上。也就是说，教师始终要盯住教学目标，要让学生的整个学习活动从始至终都围绕教学目标有序展开，这样才能既帮助孩子们准确识记字母的音和形，又能有效

解决"学得快、忘得也快"的问题。

三、通过听故事、讲故事、编故事的方式促使孩子们学习拼音

大多数低年级学生都喜欢听故事、讲故事、编故事，教师在拼音教学中，应充分利用学生的这个特点，巧妙设计教学环节和合理设置教学步骤，从而促使孩子们更好地学习汉语拼音。

比如，教小学生学习整体认读音节 yi、wu、yu 时，教师可以先给孩子们讲这样一个故事：

有一天，i u ü 三个孩子要到公园去玩，可是他们年纪太小，又不认识路，怎么办呢？他们就请大 y 和大 w 带路。大 y 带着小 i 一块儿走，就组成了音节 yi。大 w 带着小 u 一块儿走，就组成了音节 wu。剩下小 ü 没人带，急得哭出了两滴眼泪。大 y 见小 ü 哭得很伤心，就来到他身边，摸摸他的头说："好吧，我再带一个。可是，你得把眼泪擦干净啰。"小 ü 高兴地把眼泪擦干净（老师随手擦去 ü 上两点），跟着大 y 往前走，组成了整体认读音节 yu。小伙伴们玩得真高兴啊，他们边走边唱："我们都是好朋友，大 y 大 w 带着走，小 ü 眼泪擦干净，齐步向前真高兴。"

这样，学生通过轻松愉悦的故事，既能初步领会和掌握三个整体认读音节，还能对 ü 跟大 y 后面要去掉两点引起足够的注意，不可谓不好。

再比如，引导学生学习 j、q、x 与 ü 相拼的规则和方法，也可以采用这一策略组织和实施。

汉语拼音方案中有一条重要的拼读规则，就是 j、q、x 与 ü 相拼时，ü 上的两点必须省略不写。对于小学生来说，要理解和掌握

这一规则，无疑具有很大的难度。如果教师转换思维及教学方式，及时运用引导学生讲故事、听故事、编故事的方法来攻克这一难点，会收到不错的效果。

具体的故事可以儿童喜闻乐见的形式呈现："小熊愚愚跟 j q x 是好朋友，有一天，愚愚在路上遇到了 j q x，就很有礼貌地先摘掉太阳镜（即去掉 ü 上的两点），跟好朋友握手问好。"这样化抽象为形象，孩子们学起来不但不会感到枯燥乏味，而且还会留下深刻的记忆。在学生记住了 j q x 与 ü 相拼的规则和方法之后，教师可进一步提问，ju、qu、xu 这三个音节中的韵母是什么呢？大部分的孩子都能回答，这三个音节中的韵母是"ü"。这时教师再推进一步，举例说："壮壮习惯戴帽子，如果他今天脱去帽子不戴了，他还是壮壮吗？"学生一般都能异口同声地回答："是"。这样，通过听故事、讲故事、编故事的方式，促使孩子们在有趣的实例中学习掌握了 ju、qu、xu 中的韵母是"ü"不是"u"这一关键知识，教学难点也就随之突破了。

四、通过游戏等形式突破汉语拼音教学的重点和难点

著名教育家陈鹤群先生曾经说过，游戏是人生不可缺少的活动，不管年龄、性别，人们总是喜欢游戏的，假如在读书时代，孩子们能把读书活动转化为游戏。那么读书就会变得更有趣、更快乐。现代儿童心理学研究也表明，游戏是儿童参与率、合作率较高的一种行为方式。[5]基于此，小学语文教师在拼音教学中应积极尝试把游戏引入学习活动之中，寓教于乐，促使孩子们轻松突破学习汉语拼音的重点和难点。

例如，小学语文教材第一册的《复习一》中有一道练习题是

"我会读"，在这个练习题中，要求掌握本单元所学的声母、韵母的音和形，能区别声母和韵母。如果教师指导学生练习时用几个游戏贯穿其中，就会起到事半功倍的效果。

可选择的游戏之一是"请朋友"活动，即让小朋友以不同方式请出持字母卡的小朋友。有的同学这样请朋友："像个音符ｄｄｄ，快来和我做游戏。"有的孩子热情地拉住朋友的手说："一道小门ｎｎｎ，你在这里呀！快来和我做游戏！"手持字母卡的小朋友则自我介绍说："我是一只大白鹅，水中倒影ｅｅｅ，朋友游戏乐呵呵！"通过学生与学生之间游戏互动和交流，孩子们既学习了拼音字母的音和形，又进行了口语交际的模仿训练，何乐而不为呢！

可选择的游戏之二是，当教师教完8个复韵母时，除特殊的韵母er外，可以设计组合游戏，帮助学生进一步复习巩固。先让学生拿出预先自制的韵母卡片，要求他们在最短时间内组合成8个复韵母。学生在座位上动手组合，教师巡视。再从每组学生中选一名代表上台演示，由一名同学计时，以全部拼对且用时最少者为优胜。这时，课堂中往往会出现这样的情况，一部分学生随机组合成ei、üe、ou、ao……由于缺乏一定顺序和强烈的规则意识，不仅费时费力，而且有时学生自己也搞不清哪些复韵已组合，哪些韵母没有组合。一部分学生严格按照教材上的顺序进行组合，结果虽然都组对了，但用的时间也较多。另一部分学生既不按教材上的顺序进行组合，也不随意胡乱组合，而是抓住8个韵母中5个有单韵母i的特征，很快把ai、ei、ui、ie、iu 5个复韵母组合在一起，再用ɑ、o、u、e组成ao、üe、ou。这种方法省时高效，既有利于复习巩固复韵母，也有利于培养学生的组合能力和合作精神。

可选择的游戏之三是"我要回家"游戏，即在教学中分别制作教具"声母的家"和"韵母的家"，帮助儿童区分声母和韵母。第一步，教师可通过语言陈述创设教学情境："有一群天真活泼的小朋友，来这儿和我们一起做游戏，我们大家玩得很开心，可是妈妈喊他们回家吃饭了，我们看看他们谁能又快又准地找到自己的家。"接着，让"声母妈妈"和"韵母妈妈"呼唤自己的孩子，再让持字母卡的小朋友分别回到各自的"妈妈"身边。在游戏过程中，如果有一位持字母 q 的小朋友找错了韵母的家，老师可引导学生模仿韵母妈妈的口气对他说："孩子，我不是你的妈妈，你到那边去找妈妈吧！"等到字母 q 找到家后，教师可趁热打铁，因势利导，让孩子们说说自己心里的想法。有同学可能会说："我们到外面玩时，一定要记住回家的路。"有同学可能会说：记不住回家的路也没关系，假如真的找不到家，我们可以打电话给家人或亲友，还可以找警察叔叔来帮忙！这时老师进一步说明，在课堂上玩"我要回家"的游戏时，如果声母和韵母找不到家，可以问老师（警察），也可以查字典（亲友），帮他们送回家。这样的游戏学习活动，既培养了学生与人交流、协作的能力，又有利于以游戏形式攻克学习中的难关。

五、指导学生联系情境插图努力学懂、学好汉语拼音

小学语文教材的汉语拼音部分一般都配有数十幅插图，这些插图色彩鲜艳，生动形象，富有启发性，容易引发学生的求知兴趣，是汉语拼音教学的重要辅助材料。[3] 有的插图示意字母的发音，有的插图表明字母的形体和写法，有的则侧重营造"学拼音容易、讲普通话光荣"的情景。在日常的教学活动中，语文教师要充分利用这些指向性十分明确的插图，帮助学生努力学懂、学好汉语拼音。

例如，在引导学生学习"b p m f"这一课时，可结合教材中的教学情境图，引导学生自己先看插图，然后说出插图上的事物，在

他们有了初步的感性认识之后，再进一步引导他们学习这些声母。最后，教师综合学生的学习情况，再次激励学生这样巩固知识，强化记忆：我们爬上山坡（po），一起去看大佛（fo）。有个孩子想要摸摸（mo）大佛，老师提醒他说，请你仔细听，公园的喇叭里正在广播（bo）："大佛是文物，大家要爱护！"接着，让学生反复发出正确的读音：bo，po，mo，fo。教师可在此进行温馨提示：bo，po，mo，fo，要读得又轻又短，这样别人听起来才显得地道、优美、好听。这种教学方法具有直观性、形象性和趣味性，将字母教学寓教于某种画面和情景之中，化难为易，寓学于玩，既有利于促使学生提高学习的兴趣，又润物无声地渗透了情感、态度和价值观的教育，可谓一石二鸟，一举两得。由上述教学例证引申开去，我们可以进一步形成这样的理性认识：汉语拼音教学既要盯着拼音这个核心元素，也不能只盯着拼音本身不放，为教拼音而教拼音，而应立足学生核心能力的培养，做好知识内容的拓展和延伸教育，为培养学生的综合读写能力服务。

六、指导学生利用体态语，提高其学习汉语拼音的能力

体态语也称为身势语、态势语、动作语言等[5]，是小学汉语拼音教学的重要手段和资源。也就是说，教师在拼音教学中应该充分利用体态语这一教学手段来激发学生学好拼音的兴趣，从而有效提高教学质量。例如，为了促使学生更好地记忆拼音字母的形态和写法，教师既可以鼓励学生用体态语来辅助记忆字母，又可以布置孩子们从家里带来一些可以拼组字母的实物，先在课堂上（上课时间内）自由组合，用实物拼出各个字母，然后比一比，看谁拼得又快又好，再让获得优胜的一个或几个同学上台演示。

或许，这样的教学安排会收获既出人意料又在情理之中的学习成果。有的同学可能会通过变换实物摆放的位置和角度，巧妙识记 b—d，p—q 这四个字母；有的同学会先握拳，然后伸出大拇指，边做动作边说："左下半圆 d d d，右下半圆 b b b，左上半圆 q q q，右上半圆 p p p。"[6]还有的同学把嘴巴张得圆圆地表示 o，有的分别用两手的食指和拇指拼成一个圆，表示 o……如此一来，不但活跃了气氛，也让孩子们发现了开发和使用体态语的趣味和潜力。孩子们在高兴、惊叹和欢笑的情景中，既轻松地学习了汉语拼音字母，又充分体会到了学习的乐趣，感受到了创造的喜悦。

总而言之，要积极有效地促使小学生轻松愉快地学好汉语拼音，教师要紧扣汉语拼音教学及学习的重点和难点，多动脑筋，千方百计调动学生身上的一切积极因素，多渠道挖掘和开发教材中的一切有利因素，使其自然而然地与学生的生活经验相结合，鼓励学生大胆探索创新，从而实现促使其不断提高学习效率的目标。从策略和方法的角度看，只要充分调动和利用好教师、学生、教材三个关键要素，再合理利用好社会资源、学校资源、家庭资源，小学汉语拼音教学一定会取得实实在在的成效。我们相信，看着学生们流光溢彩的双眼，看到学生越来越强的拼音运用能力，每一位小学语文教师都会感到无限欣慰。或许这就是教育魅力，这就是育人的情怀。

参考文献

[1] 中华人民共和国教育部. 义务教育语文课程标准［S］. 北京：北京师范大学出版社，2011.

[2] 钟启泉，汪霞，王文静. 课程与教学论［M］. 上海：华东师范大学出版社，2008.

[3] 庞维国. 自主学习：学与教的原理与策略［M］. 上海：华东师范大学出版社，2003.

［4］周振甫. 新课程：周振甫讲古代文论 ［M］. 南京：江苏教育出版社，2005.

［5］中国社会科学院语言研究所词典编辑室. 现代汉语词典（第5版）［Z］. 北京：商务印书馆，2005.

［6］陈佑清. 有效教学 ［M］. 北京：高等教育出版社，2016.

有效教学理念下的小学汉字书写教学探究

阅读提要：目前，受网络媒介泛滥及应试教育等因素的影响，很多人对汉字书写已经不屑一顾。尤其令人担忧的是，不少小学把本应认真落实到位的汉字书写课边缘化，极大地降低了语文教学的育人功能。实际上，抓好小学汉字书写教育是中华优秀文化传承发展的需要，是提高小学语文整体教学质量的必然要求。我们选择这一问题进行讨论，目的就是要推进小学语文汉字书写课的持续改进，进而培养小学生热爱祖国语言文字的深厚情感。

一、问题的提出

一般认为，20 世纪上半叶，西方学者首先提出了"有效教学"的概念，随后他们对有效教学问题的研究逐渐深入。总体上看，相关研究先后经历了侧重点不同的三个发展阶段，即关注好教师特征和品质的研究（20 世纪 30 年代初至 60 年代末），关注教师行为的研究（20 世纪 70 年代初至 80 年代末），关注学生的学习行为及学科知识接受的研究（20 世纪 80 年代末至 21 世纪初）。[1]

在我国，虽然 20 世纪 70 年代末至 80 年代初就有学者关注"教学效率"问题，[2]但对有效教学问题的实质性大规模研究则始于 20

世纪 90 年代末至 21 世纪初,[3] 相关研究也取得了一些有代表性的成果。[4] 需要强调的是,时至今日,国内外对有效教学的理解仍然不尽相同。国外研究者对有效教学的理解一般有三种主要取向:目标取向、技能取向、成就取向;[5] 我国的研究者提出的关于有效教学的代表性观点也可以归纳为三种:一是运用经济学领域的效率和效益等概念来阐释有效教学;二是以教师的教和学生的学为取向来研究有效教学;三是以学科教学知识(Pedagogical Content Knowledge,简称 PCK)为取向来解读有效教学。[6] 综合国内外学者的主要观点,我们认为,有效教学必须满足三个条件:一是不管从什么角度研究,有效教学都必须符合教学规律;二是从教育教学实践的角度看,有效教学必须有效果(达成预期目标);三是从参与者的角度看,有效教学必须有教学主体及学习主体的积极参与。

基于上述认识,我们不难发现,不论是从理论阐释还是从教学实践的层面上看,有效教学的理念、方法及模式,都值得小学汉字书写教学学习和借鉴。也就是说,汉字书写教学作为一种教学和学习形式,需要运用有效教学的理论来进行深入的阐释和研究,从而使汉字书写教学既有效率(教育产出与投入比率较高),又有效益(实现的结果与个人及社会对教育的需求相符合),最终真正高效地实现预期的甚至是理想化的教育教学目标。下面我们缩小涉及范围,主要从有效教学中学生的学习取向这一视角入手,具体讨论小学汉字书写有效教学模式的相关问题。

二、PCK 与小学汉字书写教学的模式

在具体的教育教学实践中,PCK 一方面体现为教师独有的学科教学能力;另一方面也体现为教师和学生日常的教育教学实践活动

中的学科知识和教育知识交互作用的某种结果和过程。

也就是说，PCK 是教师知识结构和学生学习知识的核心，影响和制约着教师从事教育教学活动及学生学习知识的有效性。原因有三：首先，PCK 影响教师的教学行为，进而影响教师的发展；教师是否拥有及拥有多少 PCK，决定其教学能力的大小。其次，PCK 具有定型作用，直接影响课堂教学的质量，教师一旦建构起属于自己的 PCK，就会内化为自我解释、认识、评价教学事件的框架和模式，并以此去分析、说明、论证、评价教学中的问题，进而成为处理各种教育教学问题的原则和方法。最后，PCK 关乎教学的有效性，它通过某种有趣的融合，帮助教师建构课程内容，选择适当的呈现方式，形成有效的类比、举例、讲解和演示，理解和预想学生进入学习过程时所拥有的概念、前提和可能存在的困难等。基于这些阐述和认识，我们甚至可以说，是否拥有 PCK 资源的支持，是影响和决定教学高效与低效的关键因素。

对小学汉字书写教学而言，PCK 无疑可以发挥极其重要的支撑作用，它既可以为汉字书写课教师的专业发展提供理论支持，又可以为提高汉字书写教学质量提供指导。从 PCK 的发展综合结构中不难看出，作为变化发展、交互创新的 PCK 能极大地促进汉字书写有效教学模式的形成。

进一步讲，为了构建科学、高效的小学汉字书写有效教学模式，必须明确各种知识与汉字书写 PCK 之间的关系，发挥各种知识在汉字书写教学中相互影响、相互促进的作用，全力构建适合于小学汉字书写教学发展需要的有效模式，从而促进汉字书写教学的有效推进和科学发展。[7]

以 PCK 与其他知识的关系为支撑，我们可以进一步讨论其与小学汉字书写教学的模式。

首先，研究和讨论"云南省小学汉字书写有效教学模式"这一问题，旨在落实小学语文教学的育人功能，使学生增强对中华优秀传统文化的认同感，培植他们热爱祖国语言文字的深厚情怀，使他们不断增强文化自信。

其次，我们的研究以云南省第二大城市（曲靖市）和相对发达的民族自治州（文山州）为主要调查和实践区域，比较有代表性。具体地讲，地处滇东的曲靖市是少数民族散杂居地区，基础教育发展水平与云南的省会城市昆明市差不多。文山壮族苗族自治州是少数民族聚居地区，其教育教学发展状况在西南少数民族地区具有一定的代表性。从经济发展程度看，曲靖市可作为云南经济发展较好城市的代表，文山州可作为云南民族地区的代表，这有利于从局部反映云南省小学汉字书写教学的整体情况。

最后，汉字书写教学关乎中华文化的传承和创新，关乎少年儿童的健康成长，关乎小学语文育人功能的实施成效。[8]进入 21 世纪以来，党和政府特别重视在义务教育阶段落实汉字书写教学的各项要求，试图解决很多学校不重视汉字书写或者把汉字书写课边缘化的问题。另外，某些汉字书写教师忽视对学科内容知识、学情知识、教育情境知识、教学法知识以及它们之间的整合关系的探寻，极大地降低了课堂教学的有效性。把 PCK 和云南省汉字书写教育有机地结合起来，适时地促进汉字书写教学又快又好的发展，应该是改变上述现状的一种明智选择。

三、小学汉字书写有效教学现状的调查及要求

从调查研究的角度看，首先通过调研，具体查找影响课堂教学有效性的因素，重点通过实践探索提高汉字书写课堂教学有效性的

策略，构建有效的汉字书写课堂教学模式。[9]其次是探寻提高小学汉字书写课程课堂教学有效性的具体方法，提出适合小学生心理发展水平的教学行为策略，科学实效地提高课堂教学的有效性。具体做法是，立足于云南省小学汉字书写课堂教学的管理和实践，针对国家对国民教育的要求和小学生的身心发展特点，以现代教学理论为指导，借鉴先进的教学经验，合理选择比较好的教学方法，对有效教学经验进行分析与整合，力求在教学管理、教学准备、教学策略、学习方式、教学评价上取得新突破，形成汉字书写的有效教学策略体系和评价体系，丰富完善和发展现有的有效教学理论，构建有效教学模式，努力打造小学汉字书写课的有效教学特色。尤其需要突破的难点是，通过调研，真正弄清云南省小学汉字书写教学的真实现状；探索符合政策规定、教学内容准确、环境优雅适宜、教学方法先进、现代教育技术完备、学习活动丰富的教育教学模式，从而提出或形成一套适合小学汉字书写教学发展需求、有一定推广价值的教学方法或策略。

具体地讲，调查的主要操作程序有五个：一是发放调查问卷，了解不同区不同小学对汉字书写课的重视程度及安排情况，收集教师对小学汉字书写有效教学的认识等情况。二是以组为单位进入课堂，对小学汉字书写课堂教学进行听课，并且通过访谈、课后交流等方式对教师的备课、教学行为、教学内容、教学目标、学生的学习成效、教学评价、教学反思等内容进行调研。这主要是为了完成小学汉字书写教学现状的摸底，并在此基础上分析影响小学汉字书写有效教学的因素。三是对学校一线教师的常态课进行调研，通过听课、说课、评课，探索提高小学汉字书写有效教学的策略。四是基于上述基础性工作，在对云南省小学汉字书写有效教学的相关因素积累了足够的文献资料及实践经验后，主要利用第一手资料总结提炼出小学汉字书写教学的有效操作模式，促进小学汉字书写学科教学课程建设，同时向薄弱学校推广。五是研究成果主要在文山州及曲靖市的农村小学推广使用，在进行有效性测试后逐步向云南省的所有小学进行介绍或推广。

四、小学汉字书写有效教学的主要内容及实施路径

探索适宜云南省小学汉字书写教学的有效教学模式，特别是在教学内容、教学方法、评价体系、环境创设、理论指导、师资培训、多媒体运用等方面建立卓有成效的教学模式，对提高汉字书写课的教育教学质量及培养学生热爱祖国语言文字的情感具有重要意义。

（一）"课程标准"规定的小学汉字"书写"目标

我们这里所说的小学是指我国义务教育阶段的一年级到六年级，即《义务教育语文课程标准》（2011 年版，以下简称"新课标"）一年级至六年级所规定的学习时段。

"新课标"规定的"书写"总目标是：认识中华文化的丰厚博大；吸收民族文化智慧；培植热爱祖国语言文字的情感。

"新课标"规定的分阶段"书写"目标排列如下。

第一学段（1～2 年级）：掌握汉字的基本笔画和常用的偏旁部首，能按笔顺规则用硬笔写字，注意间架结构。初步感受汉字的形体美。写字姿势要正确，字要写得规范、端正、整洁，努力养成良好的写字习惯。正确书写声母、韵母和音节。

第二学段（3～4 年级）：对学习汉字有浓厚的兴趣。能使用硬笔熟练地书写正楷字，做到规范、端正、整洁；用毛笔临摹正楷字帖。

第三学段（5～6 年级）：硬笔书写楷书，行款整齐，有一定的

速度。能用毛笔书写楷书，在书写中体会汉字的优美。

上述"新课标"的"书写"规定具有三个显著特征：一是总目标分学段提出的阶段性目标在价值取向上高度一致；二是几个学段的阶段性目标之间联系紧密，环环相扣；三是每个阶段性目标的教学及学习要求都具体、精准，具有很强的指导性。

（二）小学汉字书写有效教学的技术指标

从量化的角度看，小学汉字有效"书写"教学的技术指标主要有七个[10]：一是教学内容中学习书写理论（包括文字学知识）占30%，实践教学及书写训练占70%；二是掌握常用字笔顺的学生应达到90%以上；三是书写笔画时达到"起落完整、提按合度、方圆相济、重心平稳、收放合度"要求的学生达80%以上；四是书写偏旁时达到"重心稳、收放准、和谐呼应、匀称自然"要求的学生达80%以上；五是把握间架结构达到"疏密匀称、协调平稳、大小合度、迎让合理、神来势往"要求的学生达70%以上；六是创设激发学生兴趣和浓郁书法氛围的书写环境率达100%；七是进行课堂教学延伸，每学期开展参观、展览、比赛、写春联等活动不少于10场次。

（三）小学汉字"书写"目标的教学实施路径

首先必须明确汉字书写的几个范畴：一是书体的指向，二是软硬笔的确定，三是书写效果的达成程度。[11]总体来说，在小学低年级阶段的学生刚刚接触汉字，对其形状和结构都不太了解，汉字书写教学只能从最基本、最规范的书体即楷书开始；一般只使用铅笔、钢笔（也包括中性笔）、毛笔；书写效果一般指达到规范及通常情况下的美观（如端正、整洁等），反对不顾学生实际，一味拔高指导标准，一味去追求所谓的书法艺术。

汉字书写有效教学是指高度关注学生的进步和发展，确立学生的主体地位，树立"一切为了学生发展"的思想及"全人"教学的理念，关注教学效益，更多地关注可测性或量化性指标及其教师的反思意识，建立一套有针对性的汉字书写教学策略。[12]具体讲，要严格按照"新课标"的有关规定组织和实施汉字书写教学，在教学中要切实遵循教育教学规律，密切关注学生的进步或发展，确立学生的主体学习者和书写者的地位，具有时间与效益、投入与产出的观念，[13]注重教学效益，努力实现小学汉字书写教学的有效教学目标。[14]

综合起来讲，小学汉字书写教学一方面要通过有效的方式对小学生学写汉字进行各种准备，如合理组织课堂、安排相关的课外活动等，从而使小学生能规范且美观地书写汉字；[15]另一方面要在教学中深化学生对中华优秀传统文化的认识和理解，提高学生的人文素养，激发学生热爱祖国语言文字的深厚感情。

五、结论

从以上论述中可见，不论是从理论阐释还是从教学实践的层面上看，有效教学的理念、方法及模式都是小学汉字书写教学应该借鉴的重要理念和模式。小学教师要运用有效教学的理论来对汉字书写教学进行深入的阐释和研究，从而使汉字书写教学既有效率（教育产出与投入比率较高），又有效益（实现的结果与个人及社会对教育的需求相符合），最终真正高效地实现预期的甚至是理想化的教育教学目标。

抓好小学汉字书写教育是中华文化传承发展的需要，是提高小学语文整体教学质量的必然要求。小学教师要重视运用有效教学的理论及其相应的操作模式，持续不断地推进小学语文汉字书写教学的有效改进，进而使学生热爱中华优秀传统文化，增强文化自信，写好规范汉字。

参考文献

［1］陈佑清. 有效教学［M］. 北京：高等教育出版社，2016.

［2］梁永平. PCK：教师教学观念与教学行为发展的桥梁性知识［J］. 教育科学，2011（10）.

［3］谢赛，胡惠闵. PCK 及其对教师教育课程的影响［J］. 教育科学，2010（10）.

［4］李伟胜. 学科教学知识（PCK）的核心因素及其对教师教育的启示［J］. 教师教育研究，2009（3）.

［5］李斌辉. 中小学教师 PCK 发展策略［J］. 教育发展研究，2011（6）.

［6］李吉林. 为儿童学习构建情境课程［J］. 中国教育学刊，2016（10）.

［7］李宜逊，肖林清，张洁，等. 汉字结构特点和出现次数在儿童字形学习中的作用［J］. 心理科学，2016（5）.

［8］斯霞. 对随课文分散识字的看法［J］. 课程·教材·教法，2001（2）.

［9］王雪. 小学一年级识字教学问题与对策研究［D］. 海口：海南师范大学，2017.

［10］冷长燕. 新中国小学识字教学研究［D］. 上海：华东师范大学，2018.

［11］袁雪. 幼小衔接视角下小学低年级识字教学现状研究［D］. 扬州：扬州大学，2018.

［12］马萍. 基于字形对比的日本学生的集中识字教学研究［D］. 上海：华东师范大学，2009.

［13］梁月. 苏教版《语文》教材小学低段识字教学调查研究：以昆明市莲华小学为例［D］. 昆明：云南师范大学，2016.

［14］何玉婷. 小学语文识字量调查研究：以南宁市 Y 小学为例［D］. 上海：华东师范大学，2012.

［15］于丹丹. 小学低年级字理识字教学的研究［D］. 长春：东北师范大学，2011.

加强小学生写字教学的意义及方法

阅读提要: 对当下的小学生来说,写字教学不仅是一种教学方式,一种学习任务,更是一种文化熏陶方式,一种人格养成教育的应有历程,它对少年儿童身心健康发展的巨大影响不容忽视。教会小学生正确学习和书写汉字,是提高少年儿童乃至全民族文化素养的基础性工程。小学语文教师应充分认识写字教学的意义,科学合理地组织实施小学阶段的写字教学,把学汉字、写汉字看成传承中华文化的重要手段,当成凝聚民族精神的神圣使命。只要学生热爱汉字、喜欢书写的兴趣得到科学合理的引导和激励,必然会促使他们不断增强对中华文化的自信心,不断增强民族自豪感。

汉字是目前世界上使用人数最多、流传最广的文字符号之一。在已知的五千多年的传承和使用历程中,它始终是一种非常活跃的文字系统,承载着数千年生生不息的华夏历史,书写着永不断流、历久弥新的中华文明。

追溯我国的教育发展历史不难发现,识读汉字和书写汉字一直是少年儿童成长岁月中必须要锤炼的能力和本领之一,两者同样重要,同样具有不可替代性。然而,需要引起注意的是,进入 21 世纪以来,随着信息技术对现代人生活的影响越来越深入,人们对汉字的书写似乎越来越不够重视，"写得一手好字"似乎已经不再是读书人的理想和追求，很多人甚至觉得只要能识读汉字就足够了，至于汉字书写的水平怎么样就无暇顾及了。显然，这是一种不太正确的观点。夸张一点讲，不论现代社会的信息技术发展到什么程度，只能识读汉字，不能很好地书写汉字，都无法承担在新的时代背景下传承中华文明的神圣使命。

也就是说，我们应从中华文明传承创新甚至从文化自信、文化安全的角度来看待汉字书写教育的重要性。具体讲，教师要从小学语文课程的育人功能和教育性质这个前提出发，重新审视和建构对写字教学的看法，不仅要重视汉字的工具性特征，更要重视其人文性、情感性、审美性功能，要把写字教学及写字能力培养看成提高小学生语文综合素质的重要组成部分，通过强化写字教学，使当下的少年儿童具有更多的中国化元素。

实际上，"课程标准"已经把强化小学生的写字教育列为小学语文教学的重要任务。当下亟须解决的问题是，如何把"课程标准"对写字教学的要求落到实处，抓出成效。

调查发现，有的学校对写字教学的重要性认识不够，有的学校甚至打着减负的旗号，把仅有的每周一节的写字课都给"减掉"了，有的语文教师和学生在应试教育的考核体系重压之下，大搞题海战术，盲目追求考试的分数，已经无暇顾及写字潦草马虎、歪歪斜斜等问题了。如果小学阶段没有养成良好的写字习惯，那么学生进入初中、高中阶段之后，学习任务更加繁重，更没有时间顾及书写的好坏，要"写得一手好字"就变得更加遥不可及了。

在我国，写字是一件大事，它不仅关乎语文的学习，有时还与如何学习做人密切联系在一起。因此，"字如其人"的说法一直流传至今。也就是说，小学生的写字教学，不仅是一项技能的培养，还关系着审美意识的培养、儿童人格的养成等重大问题。《义务教育语文课程标准》明确要求，在小学第一学段，"应掌握汉字的基本笔画和常用的偏旁部首，能按笔顺规则用硬笔写字，注意间架结构，初步感受汉字的形体美。养成正确的写字姿势和良好的写字习惯，书写规范、端正、整洁。"在小学第二学段，"能使用硬笔熟练地书写正楷字，做到规范、端正、整洁。用毛笔临摹正楷字贴。"在小学第三学段，"能用硬笔、毛笔书写楷书，行款整齐，有一定的速度。并在书写中体会汉字的优美。"[1]仔细研究不难发现，写字贯穿小学六年的第一学段、第二学段到第三学段，"课程标准"对写字教学始终有非常明确具体的要求；这些要求涉及写字姿势规定、写字习惯的养成、书写技能的要求以及审美情趣的培养等内容[2]，"规范、端正、整洁"始终是其中的关键词汇。对小学阶段的写字如此重视，要求如此规范具体，可能从另一个侧面说明，写字教学不但是培养学生能用一定的速度写一手规范、端正、整洁的漂亮汉字的重要途径，而且还关系着学生综合素质的提升及做人教育等方面的问题。

一、加强小学生写字教学的意义

（一）加强写字教学有利于培养学生的多种能力

语文实践证明，小学生处于"童蒙养正"的关键时期，这一时期的汉字书写教学，可以培养学生的观察能力、分析能力、表达能力、自我校正能力等。[3]例如，在小学语文第一学段的写字教学中，当学生掌握了"横"的基本写法后，教师可以再进一步，充分结合教材的编排特点，有意识地引导学生观察、分析变化后的"横"与作为基本笔画的"横"在形状上的差异，提高学生在书写过程中认识汉字的丰富形态的能力。又比如，教师在指导学生书写合体字时，首先应该引导学生仔细观察、分析合体字的构造、部件、笔顺、笔画等要素，然后再把认识到的内容正确、规范地写成具体的汉字。这样长期坚持，既有利于达成写字教学的目标，还有利于培养学生的观察力、意志力、行为习惯、审美意识和道德情操等智力因素或非智力因素。

（二）加强写字教学有利于培养学生良好的品质

不难发现，科学、适当的写字教学，一方面可以促使学生养成认真细致、专注持久的学习品质，为其下一阶段的学习打下坚实的习惯基础；另一方面可以使学生在不知不觉中养成冷静沉着、严守规矩的人格品质。[4]这两种品质对学生的健康成长都至关重要、缺一不可。为什么写字教学和实践可以使小学生变得认真、细心而且具有专注持久的注意力呢？为什么写字训练还与小学生人格品质的形成紧密相关呢？原因可能来自三个方面，第一，汉字书写是一项十分精细的智力和体力相结合的活动，小学生要想把字写端正、写规范，必须得全神贯注，凝神静气；第二，在书写过程中要仔细观察字的结构，揣摩笔画的呼应、避让、穿插等因素；第三，书写时要脑、眼、手三者紧密配合，准确控制运笔的轻重缓急。这样日积月累、反复训练，能潜移默化地改变一个人的心理素质甚至个性品质，使学生养成沉着镇静、有板有眼的习惯和品质。实际上，这些良好品质的养成，对其他课程的学习乃至对学生的整体个性及人格发展的塑造，都具有不可替代的积极作用。

（三）加强写字教学有利于提高学生的审美情趣

汉字是一种形态独特而且极具美感的符号系统。几乎每一个字的线条组合都十分优美，每一个字都承载着丰富的文化意义，都蕴含着无可替代的审美价值。[5]无疑，写字教学有利于培养和提高学生的审美情趣。具体讲，在小学阶段的写字教学中，教师首先应引导学生充分了解汉字的发展演变历史，充分了解汉字的形体、结构、笔画等特点，其次应严格要求学生仔细按照正确的笔顺去写字，同时要注意笔画间联系及呼应的规律，努力将每一个汉字写得正确、规范、整洁，进而认识和体会汉字的形体美，在潜移默化中逐步领会汉字的审美意韵，逐步领会汉字的文化内涵，从而培养学生热爱祖国语言文字的深厚感情，做一个堂堂正正的中国人。

（四）加强写字教学有利于发展学生的健康人格

"课程标准"倡导，充分尊重学生的独特感受，积极发展学生的健康个性，努力培养学生的创新能力。针对学生的这一发展目标，小学语文教材设置了"写字教学园地"这一独特板块，这是一块滋润学生成长的沃土，用好这一平台对通过加强写字教学促进学生健康人格的发展具有重要意义。[6]因为汉字书写是一种魅力无限的艺术，其审美性和个体性都非常鲜明，不管学习者是喜欢规范端庄的楷书，还是喜欢活泼优雅的行书，都是对汉字书写之美的接纳、向往和追求，都是一种值得肯定的审美活动。教师应引导学生学着去欣赏汉字书写的不同形态之美，他们自己也可以根据自己的喜好，临摹和学习不同的书写形态。这样的写字教学，或许更有利于发展学生的健康个性和健全人格。另外，汉字书写都始于模仿，对小学生而言，不宜过早鼓励其去追求个性化的书写形式，而是要特别注重临摹训练等学习和继承手段的运用。通过认真、仔细、严谨的临摹，再加上反复的体会和揣摩，学生能在大脑中积累汉字书写形态及笔法等丰富的信息，如此反复循环，由量的积累逐渐发展到质的飞跃，必然会对学生健康人格的养成和发展产生重要影响。

（五）加强写字教学有利于培养学生的文化自信

我们知道，汉字不仅具有工具性、符号性等特征，而且承载着丰富的文化内涵，是一种特点鲜明的文化传承系统。几乎每一个汉字都包含着中华优秀传统文化的智慧和精华。[7]例如，一年级小学语文教材上册的《口耳目》一课，介绍了汉字的来源及其演变过程。教师在组织实施写字教学时，可以充分利用教材中的资源，借助各种多媒体手段，引导学生多角度认识和理解汉字的演变及发展规律。在写字练习课中，教师还可以穿插王羲之、苏东坡、于右任、启功等书法大家练字报国的故事，激励学生努力写好汉字，把学汉字、写汉字看成传承中华文化的重要手段，当成凝聚民族精神的神圣使命。我们相信，只要学生热爱汉字、喜欢书写的兴趣得到科学合理的引导和激励，必然会促使他们不断增强对中华文化的自信心，不断增强民族自豪感，从小立志为实现中华民族的伟大复兴而努力学习。

从以上讨论中可以看出，在我国，小学生的写字教学不仅是一种教学方式，一种学习任务，更是一种文化熏陶方式，一种人格养成教育模式，它对少年儿童身心健康发展的巨大影响丝毫不容忽视，应该引起全社会的高度关注。

二、组织实施小学写字教学的基本方法

（一）为学生树立认真写字的榜样

教师要真正做好为人师表的工作，或许应该从认真写字（板书、

钢笔字、毛笔字等）开始。如果教师的字写得规范、工整、大方、美观，学生受老师的影响，自觉或不自觉地模仿、练习，日积月累，他们的汉字书写水平必然会达到我们期望的水平。[8]如果教师尤其是语文教师的字写得既不美观又不工整，甚至七歪八扭，毫无美感，学生受老师的影响，也必然对写字没有更高的要求。时间一长，就会错过认真学好写字的关键期，留下很难挽回的遗憾。从更高的标准上讲，小学语文教师的字，应该是小学生模仿的活字贴，应该是小学生良好的写字启蒙教育的生动教材。因为小学生喜欢模仿，善于模仿，具有很强的可塑性，在他们眼里，老师做的一切都是正确的，都值得模仿和学习。教师在他们心目中具有至高无上的地位，不论是老师课堂上的板书，作业批改中评语的字迹，都对他们起着不容忽视的影响。如果一个语文教师一生教书三十年，承担班主任工作十多年，他可能会教到成百上千名学生。也就是说，教师的字写得好还是不好，影响的绝不是个别学生，而是成百上千的建设者和接班人。所以，教师尤其是语文教师应该不断提高自身的书写水平，至少能写一手规范漂亮的楷书，给学生树立一个认真写字的良好榜样，从而潜移默化地引导学生健康成长。

（二）引导学生学习正确的写字姿势

我国的传统启蒙教育非常注重写字的姿势，认为写字的姿势端庄、正确是学好写字的关键步骤。[9]在指导小学生初学写字时，教师必须让学生明白，在写字时首先要有正确的坐姿：头部端正，眼睛离桌面约一尺；双肩放平，双臂左右撑开，左手按纸，右手握笔；上身直正，不歪不斜，胸部与桌边大约离开一拳头；两脚自然踏稳，不跷二郎腿，凝神静气集中注意力。其次要有正确的握笔姿势：用右手的大拇指、食指、中指，分别从三个方向捏住离开笔尖 3 厘米的笔杆下端，使笔杆和纸面约呈 45 度角。学会了正确的坐姿和握笔姿势之后，要反复练习，不能放松，使之成为习惯，终身受益。

（三）教给学生写字的基本方法和技巧

从技法的角度讲，写好汉字关键要把握好这样几点：一是要选择合适的书写工具（铅笔、钢笔、毛笔等）；二是要选择一本适合自己的比较好的字帖（比如随语文教材配发的"写字"教材等）；三是要高度重视汉字的笔画和结构。比如，从笔画和结构的角度看，这两个元素都非常重要，写好笔画是基础，注意结构是写好字的关键。一般讲，笔画是构成汉字的最小单位，笔画写得横像横，竖像竖，笔笔过硬了，那么把笔画组合成结构美观的字就容易了。[10] 例如，"横"在一个字中要写得坚挺、浑厚，给人稳重的感觉；"竖"在一个字中要写得尽量垂直，给人挺拔有力的感觉。具体书写时，无论是独体字还是合体字，无论构件或笔画的多少，都要精心布局，绝不旁逸斜出。要严格遵循汉字书写的笔画、笔顺规则，如先横后竖、先撇后捺、从上到下、从左到右、先外后内、先中间后两边、先里头后封口等。要高度注意每一个字的间架结构，充分理解汉字结构变化多姿的特点。比如，左右结构的字，要注意"左窄右宽、左宽右窄、左右相等、左高右低、左低右高"等几类写法；左中右结构、上下结构、包围结构、特殊结构的字，应注意偏旁的高低、宽窄的变化等。指导学生写字的总体原则是，要重点引导他们学习最基本的方法和技巧，这样才能以不变应万变。

（四）激励学生养成良好的写字习惯

我们知道，学好写字并非一朝一夕之功，前提是要有兴趣，关键在于持之以恒。小学生活泼好动，写字却要凝神静气，要使这看似矛盾的因素和谐地发挥作用，最好的方式是激发学生的写字兴趣。对小学生来说，他们喜爱的东西或喜欢做的事其注意力会更持久，学习效果也会更好。教师一方面要想方设法调动起学生的写字兴趣，另一方面要引导学生逐步将兴趣转变成习惯。

习惯是由多次重复而达到的带有某种稳定性特点的自觉化的思维或行动方式。养成良好的写字习惯有利于写字能力的持续提高，有利于高效学习、工作和生活，可使人终身受益。[11]虽然义务教育各个学段都应重视学生良好写字习惯的培育与养成，但小学第一学段良好写字习惯的培养显得至关重要。由于受网络及电脑使用普及的影响，有的人认为，用笔写字已不像过去那么重要。这是一种错误的认识。事实上，写字不仅是学习汉字的有效方式，还是一种重要的文化传承手段，甚至是文化自信的重要体现。从小养成良好的写字习惯，逐步掌握较强的书写技能，是现代中国人必须具有的文化素养[12]。良好的写字习惯的养成，是一个不断积累、螺旋上升的过程，既不能急功近利，仅靠几节写字课就期望达成教学目标，也不能放任不管，随意让学生去开展所谓的自主学习。一方面要高度注重课堂教学，严格组织实施好每一节写字课；另一方面要引导学生将写字训练由课内向生活延伸，既注重课内的学习，更重视课外、校外的训练。另外，语文教师还要与各科任教教师及家长密切配合，通力协作，齐抓共管，认真督促检查；这样长期坚持、毫不懈怠，才能促使学生养成良好的写字习惯，才能写一手规范、漂亮的汉字。

（五）写字教学要循序渐进，逐步提高

小学生初学写字时，应该从学习书写笔画最简单的汉字开始。小学语文教材已经对最基本的汉字做了非常好的书写设计和安排，教师原则上应严格指导学生按要求书写训练，不用再别出心裁，另外创造一套学习书写的顺序或模式。从完整的学习程序来看，教师要引导学生先掌握正确的写字姿势与执笔方法，然后指导他们认识基本的笔画名称、笔顺规则，再进一步引导他们学会使用田字格书写单个汉字等，这里不再赘述。从书写的速度上看，一开始书写要强调慢，强调稳；识字与写字不必同行并进，应该适当分离，多识少写。等到孩子们将基本笔画练熟了，再指导他们逐渐由慢到快地练习书写，最终使识字与写字基本同步。从字形上来看来讲，应指导学生先学写独体字，再学写合体字；先书写结构简单、对称整齐的字，后书写结构复杂、不易搭配的字。从汉字书写的大小来看，教师应指导低年级学生先学习用铅笔书写中等大小的字，中高年级后再练习写小字或大字。总体上讲，不论怎么指导，怎么训练，写字教学都要遵循循序渐进、逐步提高的原则，才能取得理想的教学效果。

综上所述，对当下的小学生而言，写字既是其应该完成的学习任务，更是一种文化熏陶方式，一种人格养成教育模式，必须引起全社会的高度重视。小学语文教师应充分认识写字教学的重要意义，科学合理地组织实施小学阶段的写字教学，把学好汉字、写好汉字看成传承中华文化的重要手段，当成凝聚民族精神的神圣使命，切实指导和激励学生养成良好的汉字书写习惯，不断增强民族自豪感和文化自信心。

参考文献

[1] 中华人民共和国教育部. 义务教育语文课程标准 [S]. 北京：北京师范大学出版社，2011.

[2] 中国人民共和国教育部. 义务教育语文课程标准 [S]. 北京：北京师范大学出版社，2011.

[3] 李秉德，檀仁梅. 教育科学研究方法 [M]. 北京：人民教育出版社，2001.

［4］董兆杰. 基础教育识字教学研究［M］. 广州：广东教育出版社，2015.

［5］宁虹. 教育研究导论［M］. 北京：北京师范大学出版社，2010.

［6］许慎. 说文解字［M］. 北京：北京中华书局，1963.

［7］［12］顾明远. 教育大辞典［M］. 上海：上海教育出版社，1999.

［8］刘济远. 小学语文教学策略［M］. 北京：北京师范大学出版社，2010.

［9］蒋蓉. 小学语文教学论［M］. 长沙：湖南教育出版社，2007.

［10］温儒敏. 部编义务教育语文教科书的七个创新点［J］. 小学语文，2016（9）.

［11］陈新民. 识字写字教学当遵从汉语言文字的特点［J］. 甘肃教育学院学报（社会科学版），2003，19（4）.

第三章
拓展：小学语文阅读教学研究

本章以小学语文阅读教学为研究中心，具体探讨了十个方面的问题：

- ➢ 阅读教学中的语感教学观辨析
- ➢ 小学语文阅读教学应强调"导情悟文"
- ➢ 小学语文阅读教学与自主学习
- ➢ 农村小学语文课外阅读实施策略
- ➢ 浅谈小学生良好阅读习惯的培养
- ➢ 提高少数民族地区小学低年级学生阅读能力的对策
- ➢ 小学高年级阅读教学存在的问题及对策
- ➢ 小学高年级阅读教学提问技巧
- ➢ 浅谈小学语文阅读教学中的小组合作学习
- ➢ 小学1~3年级儿歌教学的原则及途径

阅读教学中的语感教学观辨析

阅读提要： 在中小学语文阅读教学中，语感教学的"中心说"和"非中心说"观念，实际上代表了语文阅读教学中对语感问题的两种价值取向。前者侧重于学生语文能力的培养，后者侧重强调学生对语文知识的掌握及理解。目前，虽然语感教学"中心说"和"非中心说"的观念到底孰是孰非我们很难一下评判清楚，但从实践的角度对这一问题进行仔细辨析，对在现代语境下开展语文教学及提高小学语文教学质量无疑很有帮助，应该引起重视。

《义务教育语文课程标准》明确要求，教师在阅读教学中，要指导学生正确地理解和运用祖国的语言文字，丰富语言的积累，培养语感，发展思维。这一前沿性表述引起了语文教学领域对语感和语感教学的高度重视。进入新时代以来，新一代语文教师努力以语感和语感教学为核心，试图建立一整套语文教学的新体系。他们把语感教学看作语文教学的本质，看作语文教学的核心，非常重视学生语感能力的训练和培养。这在某种程度上意味着，教师在语文教学中淡化了语文的工具属性，强化了语文（学习文本）与学生（学习主体）融为一体的人文属性，旨在使学生获得或养成优良的语感能力，从而提高自我的语文能力和文化素养。

实际上，在中小学语文阅读教学中，语感教学的所谓"中心说"和"非中心说"观念，代表着语文教学的两种价值取向。从理性的角度讲，语感培养显然不可能涵盖整个语文教学，将语感教学视为语文教学的"中心"或"核心"，似乎有些偏颇。同理，一味排斥语文教学中的语感教学，认为语感教学不是中心，不必强调，似乎也有些过于偏激。

基于这些思考，我们或许会按照逻辑思维继续追问，语感教学在中小学语文教学中究竟应该怎么定位？中小学语文教师应该坚持语感教学"中心说"，还是应该坚持语感教学"非中心说"？下面，我们抛开烦琐的逻辑和生硬的理论不讲，主要从语文教学实践的层面，对这两种似乎不可调和的观点做一些初步的辨析，以期对提高语文阅读教学质量有所帮助。

一、从教学实践的角度看语感教学"中心说"

（一）语感教学有助于提高语文教学质量

从根本上讲，语感教学反对知识至上，不太看重语文课程的工具属性，反对像训练工具一样训练学生。它一方面批评"工具—训练说"忽视人性、忽视学生言语能力建构的弊端，一方面主张引导学生更好地领悟和把握语言的形象、语境、意境、美感等要素，力求以语感作为切入点和突破口，促进教学方法的更新和教学模式的完善，提高语文教学效率。

基于对从传统的语文教育中培养语感的经验及做法吸收、研究和分析，为了使语感教学在语文教学中发挥其独特的作用，谷晓凯等语文教学研究专家认为，"要达到语文教学的终极目标，要紧的不是通过语言知识的传授来让学生运用所学知识去进行说话写作，而是训练学生的语感，培养学生的语言习惯。始终把培养、训练学生的语感、语言习惯当作语文教学的中心任务。这就是语感中心教学法的要义"。[1]换句话讲，谷晓凯等语文教学研究专家虽然高度认同和强调语感教学"中心说"，但不认为它就是语文教学方法的更新和创造，而是在新的时代背景下对语文教育教学思想的矫正。从教学实践的角度看，语感教学"中心说"不是一种具体的教学模式，更多的是语文教学的一种指导思想和教学观念。它的起点是，语感教学是实现中小学语文教学目标应该优先采用的教学策略；它的归属是，在中小学语文教学中实施语感教学，是强化语文教学的质量及素质培养的重要策略，有利于融合语文教学中的智育、美育和德育等因素，有利于解决语文教学中知识学习、能力培养和思想教育相脱离的问题，能有效推动和深化语文教学改革，切实提高语文教学质量。有人甚至认为，只有真正确立语感教学在语文教学中的"中心"地位，语文教学及改革才可能走上健康发展的轨道。

（二）语感能力是语文能力的核心构成要件

王尚文老师在《语感：一个理论与实践的热点》一文中认为，语感实际上是左右听说读写等言语活动的质量和效率的杠杆，在所有的言语活动中起关键作用。[2]也就是说，他认为语感在语文能力结构中应居于核心地位，在语文教学活动中也应强化语感教学"中心说"的观念。他进一步解释说，强调语感的核心地位，丝毫也不意味着排斥或轻视语文基础知识的教学，因为语文本身就是感性和理性的统一，理性的语文基础知识是提高语感教学质量的前提。

如果从逻辑思维的层面看，在语文教学及学习活动中，语文基础知识首先通过大量的言语对象反复作用于学生的头脑，从而循序渐进地促使学生建立起个性化的言语认知结构，这种言语认知结构影响和规范着学生的言语实践，对学生语感能力的养成和内化具有重要作用。我们很难说哪一个因素在这一过程中起决定作用或处于"中心"。唯一可以明确的是，对学生而言，掌握语文知识本身不是语文学习的最终目的，语文知识吸收应该服从或服务于语文能力的培养和语感素养的提升。因此，语文教师的教学是否能通过对内容的恰当处理和对教学方式的合理运用，有效地作用于学生的感觉，从而促使学生不断提升语文能力和语文水平，是检验教学成败的重要因素。进一步讲，中小学语文教学应以学生的语言实践活动为中心，以语文教材为言语范例，以生活为"大教材"，以教师的教学活动为主导，以语言训练为主线，才能最大限度地达成教学目标，提高教学质量。

（三）语感教学是实施德育和美育渗透教育的有效方式

从理论上讲，语言能力和语言知识在一定意义上处于共生状态。一般而言，学生掌握的语文知识越多，精神世界越丰富，其语言能力就会越强，反之亦然。在中小学语文教材中，所有的语句或文本都表达一定的思想内容，所有的思想内容都通过一定的语言方式呈现给学生，对语言的学习和感知，就是对思想的感知和理解，准确地感知语言，就是准确地理解某种思想感情。也就是说，"语言、知识、思想是一个统一体，语言的习得伴随着知识的增长、思想感情的形成，语言的使用伴随着知识的传播、思想感情的表达。因此，语感素质就不是简单地对语言的一种感觉，也不仅是对语言的感知能力和笼统、抽象的无意识言语活动，而是一种'社会的人对具有认识、情感内容的言语对象的全方位的反应'"[3]。对中小学生而言，他们毫无疑问是言语学习的主体，他们可以依据老师、家长的指导或者凭借自我的感觉，主动、自由地去选择适合自己学习的言语内容和形式，从而接受和理解内生于语言对象（文本）中的思想内容或情感要素，有效提高和完善自我的人文素质。对古今中外那些文质兼美的文学作品的反复感知、深入理解和鉴赏认同，有助于学生求真求美，有助于语感的培养。基于上文的这些阐述，中小学语文教师普遍认为，语感教学是实施德育和美育渗透教育的有效方式。因为对语文学科而言，不论是渗透道德教育还是实施审美教育，都要通过培养良好的语感来完成，学生语感能力的高低，既决定道德教育的成效，也决定审美教育的效果。从语感入手进行德育和美育教育，符合学生的成长需要，能够使学生在潜移默化的情境中不断成长成才。

二、从教学实践的角度理解语感教学"非中心说"

基于丰富的语文教学实践，我们从两个方面来理解这个问题。

（一）语感教学涵盖不了整个语文教学

语感教学"中心说"认为，语感的认识结构是表象系统而非语词系统，似乎只有阅读文学类的作品才能形成敏锐的语感。[4]实际上，语文教学的目标和任务是一个充满活力的开放世界，不仅仅局限于对文学类作品的理解和把握。对学生来说，也不是只要有了敏锐的语感，就能解决所有的语文学习问题。

从根本上讲，语文学习既是一个综合复杂的过程，更是一个需要不断往前推进和完善的认知系统。它既有严密的归纳和演绎，也有审美的愉悦和追求，不加甄别地片面强调对文学作品的阅读，一方面会将语文学习狭隘化，另一方面会对学生口语交际能力和写作能力的培养产生不利的影响。也就是说，语感教学涵盖不了整个语文教学，贬低语文基础知识在语文教学中的作用，片面抬高语感教学的做法不可取，语感教学"非中心说"更有道理。

（二）语文教学中真正有效的语感训练始终比较匮乏

有人认为，语感教学"中心说"理论虽然听起来比较吸引人，长期以来却未被广大中小学语文教师在教学实践中充分运用，语文教学中真正有效的语感训练手段一直比较匮乏。[5]从纵向发展的角度看，一种教学理论或观念的提出，如果没有相应的教材体系、教学手段、教学形式、教学方法来具体支撑和配套实施，那么这种教学理论或观念必然会因大家的认同度不高而得不到充分的发展。[6]比如，对语感教学"中心说"理论持有者比较看重的"语感分析"和"语感实践"这两种具体的语感培养操作方法，在坚持语感教学"非中心说"论者看来并不新鲜，它实际上就是以学生为主体的阅读观的延伸，并没有多少新意。进一步讲，语言的形式与内容是血肉般交织在一起的，我们无法把它截然分开，更无法只用内容或形式中的某一个要素来培养学生的所谓语感。阅读是阅读主体对语言形式所包含的思想内容、情感等因素的全方位理解和把握，不可能仅停留在形式分析的层面，也不可能仅强调所谓的"语感实践"操作。

显然，语感教学"中心说"的存在感并不是很强。反之，语感教学"非中心说"似乎更有市场。

三、关于语感教学"中心说"和"非中心说"的几点感悟

客观地讲，语感教学"中心说"和语感教学"非中心说"只是两种不同的语文教学观念，二者之间并没有高低之分，也没有优劣

之别，它代表的仅仅是语文教学中对语感问题的两种认识和倾向。

首先，我们认为，在讨论语感教学问题时，完全用不着故作神秘地提升到语感教学"中心说"还是语感教学"非中心说"的层面去阐述，而应直接面对学生语文能力培养这一关键，以问题为导向，以学生为中心，以未成年人的健康成长为指向，充分讨论如何培养学生的语感、如何提升学生的语文水平等实践性、根本性问题，既不应在观念的争论上空耗精力，也不应在术语的阐释上钻牛角尖。

其次，语感教学的关键在于实施，不在于讨论。坚持语感教学"中心说"的人认为，语感教学是深化语文教学改革、提高语文教学质量的有效途径，我们可以认同。坚持语感教学"非中心说"的人认为，语感教学不仅是一种教学思想，也是一种教学模式，不存在所谓的语感教学"中心说"，我们也可以坦然接受。这既不是和稀泥，也不是不讲原则，只能说明，我们的关注点是如何提高语文教学的质量，而不是无聊的观念争论。

语感教学"中心说"认为，语感能力是语文能力的核心，语文知识教学的内容应该服从语感教学的需要。实际上，语感是一种能力，一种状态，是构成语文能力的不可或缺的重要因素，但语感能力是否是语文能力的核心，因无实验依据，我们不宜乱下定论。无论是九年义务教育语文课程标准，还是教学大纲和教师指导用书，都重视语感的教学，都要求培养学生良好的语感，但这并不意味着语文知识教学要服从语感的培养，也不意味着语感教学就处于语文教学的中心位置。正如坚持语感教学"非中心说"的老师们所批评的那样，盲目地把语感视为语文教学的终极目标，与语文"课程标准"中规定的语文教学目标存在明显的错位，[7]并不可取。

最后，语感教学观念是传统语文教育思想的合理延伸，不必过分夸大其理论创新成效。在中小学语文教学活动中，语感和语感教学都是一种无法否认的事实和存在，在这个前提下，我们只要认真梳理和回顾一下语感培养从最初局限于阅读教学，到后来发展到以语感的人文性来反对语文的极端科学化训练这一历程，也许就会进一步确认，语感教学观念实际上是在现代语境下对传统语文教育思想的回归，旨在提高当下的语文教学效率。从这个意义上讲，语感及语感教学的提法也值得肯定，但不必过分夸大其作用。

需要进一步说明的是，语感教学具有可操作性，这一点毋庸置疑。

我们熟知的"语感分析"和"语感实践"只是目前所使用的和传统语文教学区分度不算太大的两种操作方法。无论是洪镇涛先生主张的"感受语言，触发语感—品味语言，领悟语感—实践语言，习得语感—积累语言，积淀语感"的训练方法[8]，还是张大文先生坚持的"题题相扣，练练相生，寓教于练"的语感训练因无法量化而难以落实的看法[9]，都有其存在的价值和意义。与其空耗精力去争论语感教学"中心说"和语感教学"非中心说"这两种不同的语文教学观念孰是孰非，[10]不如心平气和地认同这两种教学观念的客观存在，然后合理地用它去指导生机无限的语文教学实践。

综上所述，在中小学语文阅读教学实践中，语感教学的"中心说"和"非中心说"观念，仅仅是语文阅读教学中对语感问题的两种价值取向。前者侧重于学生语文能力的培养，后者侧重强调学生对语文知识的掌握及理解。我们不用去争论语感教学"中心说"和"非中心说"观念的孰是孰非，也不用去评判这两种观念的优劣。客观地讲，在当下的语文教学实践中，它们都有其存在的价值，都从不同的角度发挥着不可替代的作用。或许对中小学语文教学而言，更应强调的是语感教学与语文教育具有的内在联系。进一步讲就是，要使中小学语文教学真正落实好培养学生语文核心能力的要求，要通过语文教育真正落实好"立德树人"的根本任务，必须由注重对课文思想内容的学习和理解，转向重视对语言材料的感受和领悟；由注重对篇章结构的剖析和解构，转向对语言内涵的推敲和品味；由注重静态的教学元素和材料，转向注重动态的自主学习和领悟；由单纯重视语言的表达和形式，转向重视学生对语言运用的体验。这样，或许能最大限度地实现大面积提高中小学语文教学质量的理想化目标。

参考文献

[1] 谷晓凯. 小学语文新视角 [M]. 南京：江苏教育出版社，2006.

[2] 王尚文. 语感：一个理论与实践的热点 [J]. 语文学习，1999（5）.

[3] 毛光伟. 语感：语文教学的支点 [J]. 语文学习，2000（7）.

[4] 赵乔翔，张文海. 试论语感和语感教学 [J]. 中学语文教学参考，1996（8）.

[5] 张国兵. 教育学理论 [M]. 北京：人民出版社，2006.

[6] 程良焰. 语感的"外延"到底有多大 [J]. 语文学习，2006（1）.

[7] 殷德才. 语感教学刍议 [J]. 语文教学之友，2008（4）.

[8] 曹有国. "语感中心说"献疑 [J]. 语文学习，2007（10）.

[9] 张大文. 语感训练是寓教于练的主体所在 [J]. 上海教育，2001（4）.

[10] 朱知元. 语感教学 [M]. 长沙：湖南师范大学出版社，2005.

小学语文阅读教学应强调"导情悟文"

阅读提要： 阅读教学既是当前小学语文教学的一个重要板块，也是教师、学生和作者之间沟通情感的过程。在阅读教学中，教师一是应把每一堂课都当成情感交流的园地，充分挖掘课文中的情感因素，确定教学的情感基调；二是要以情引情，让学生产生主动探究的情感欲望；三是要通过师生互动，感悟语言文字之美，体验课文中的情感，获得审美体验；四是应在学生的情感有一定程度的升华之后，及时移情于生活实践及课外阅读，促进学生语文素养的提升。

阅读教学作为小学语文学科教学的主要板块和核心内容，一直备受社会各界关注。[1]《义务教育语文课程标准》指出，小学语文阅读教学应让学生在积极主动的思维和情感活动中，加深对课文的理解和体验，注重感悟和思考，使其受到情感的熏陶，获得思想的启迪。

从本质上看，阅读教学是作者、教师和学生三者之间共同学习、沟通感情的重要环节和过程，是师生共同解读教材、领悟教材的有目的的多边活动，也是一种内涵丰富的精神审美活动。[2]三者之间的情感如能融为一体，同频共振，就会激起学生内心的求知欲望，促使学生主动探究、主动感悟祖国的语言文字之美。这是获得审美共鸣、培养学生高尚情操及其健康向上的审美情趣的关键，对促使学生通过阅读教学形成正确的价值观和积极的人生态度具有重要作用。

当前的小学语文阅读教学，在一定程度上存在理性分析有余、情感熏陶不足的问题。要破解这一困境和难题，小学语文教师应该把每一堂阅读课都当成是教师、作者、学生之间情感交流的心灵舞台，通过阅读教学，强化道情悟文，不断提升学生的审美能力。也就是说，在具体的阅读教学中，要合理引导学生，以文入情，由情入理，以情导情，充分激发学生的形象思维，使学生从阅读教学中最大限度地体会和感悟文章的丰富内涵，达成读文悟美、读文学美、读文向美的理想目标。

一、充分挖掘课文中的情感因素，精准确定教学的情感基调

在小学语文教科书及阅读教材中，绝大多数课文都是文质兼美的经典篇章，准确挖掘和把握每篇课文的情感内涵是抓好阅读教学的关键。教师在建构教学环节、组织教学过程时，要以"寻情"为重点，充分挖掘课文中的情感因素，从而合理确定教学的情感基调。

首先，要深入挖掘教材中蕴含的"情"。教材的情，既是作者之情，又是教者之情。同一篇课文，不同的教师有不同的认识，对其隐含的情感因素的发掘也会不尽相同。著名语文教学专家叶圣陶先生曾指出，"知识不能凭空得到，习惯不能凭空养成，必须有所凭借。那凭借就是国文教本"[3]。这进一步说明了深入挖掘教材中蕴含的"情"的价值和意义。基于此，教师在钻研教材时，要善于体会作者的创作心理和创作情感，更要善于从文章的谋篇布局及行文表

达之间挖出"情"来，为学生营造一个充满审美意味的情感世界，然后合情合理地对学生进行春风化雨般的情感熏陶或情感渗透，从而使学生能充分调动自己作为阅读主体的积极情感，随着环境描写、情感抒发、人物塑造等要素去深入体验课文中丰富的情感内涵。例如，教学《我的战友邱少云》这篇课文时，其重点和难点不应局限于领会文本中比较容易体悟到的严守纪律、顾全大局、不怕牺牲等伟大精神，更重要的是应引导学生从"不敢""不忍""忍不住""心如刀绞一般"等细节描写及精准用词之中，去挖掘和领会深藏于作者内心的战友之情与崇敬之情。也就是说，教师在钻研教材时，要仔细品味，深入推敲，努力把课文中所描写和抒发的情感内化为阅读主体的感情，使其产生情感共鸣，形成审美震撼。再比如，教学《白杨》这篇课文时，教师一方面要从白杨高大挺直、生命力强、坚强不息的物性品质中，引导学生学习、感悟边疆建设者们无私无畏、无怨无悔的奉献精神（精神品质）；另一方面要引导学生经过情感的升华和内化，深深地折服于边疆建设者们"献了青春又奉献终生"的英雄气概和崇高精神，从而激发起为祖国富强而刻苦学习并立志报国的时代情感。

其次，要认真分析学生内在的"情"。即教师应以深刻感知整本教材或某篇课文的丰富情感为基础，准确、深入地分析学生内在的心理情感，提前预知课堂中可能出现的某些情感现象。语文阅读教学的大量实践表明，在阅读教学活动开始之际，学生普遍存在渴望老师引导自己学好课文的内在学习准备，这种情绪既强烈又短暂，稍纵即逝。因而教师务必抓住契机，争取在上课之初就拨动学生的心弦，使学生的每一根神经都活动起来，激发其浓厚的学习及探究兴趣，然后再根据学生的需要，合理创设激发学生情感的教学方式。比如，教师可运用开场白、导入语、小插曲、小视频、提问题等灵活多样的教学媒介，把学生求知的情感触发点引向最佳状态。有一位小学语文教师在教学《十里长街送总理》这篇课文时，事先预想到了当下的小学生可能很难真实感知课文中所描写和抒发的"情"的问题，充分考虑到了学生之情与课文之情存在的差距，于是就在课前利用观看影视等形式，让学生最大限度地学习和了解课文的社会背景，巧妙地进行情感铺垫，充分考虑学生情感这一要素，最终达成理想的教学效果。

二、以情动情，让学生产生主动探究的强烈欲望

众所周知，情感与认识互为作用，只有先动之以情，才能导之以行。许多富有感情的文章，教师开篇就应按照以情动情的逻辑，积极引导学生入情入境。在引导过程中，教师要根据教学内容或课文抒发情感的思路，采用不同的方式引导学生的情感。有时以诗情画意拨动学生的心弦，有时以悲愤情怀引导学生领悟课文内容。也就是说，教师要善于凭借富有情感的语言和行为，把引领学生学习知识与体验人物内心的情感结合起来，使其在学习过程中充分感悟人物的情感之美，引起其心灵世界的强烈共鸣。语文教育专家李吉林老师曾说过："教师的情感，对学生内心的体验、情感的诱发是非常重要的外部条件。"[4]从实证的角度看，李吉林老师在教学《珍贵的教科书》这篇课文时，就通过有情有趣的阅读教学，使学生感受到了"教科书"的珍贵。在读到课文中的"我"扑到指导员身上大声地喊"指导员，指导员……"时，李老师自己也很动情，"觉得自己也在全身心地呼唤着指导员。于是学生和老师一起进入了情境，他们读着读着，不禁热泪夺眶而出。需要注意的是，教师在引导学生探究课文情感及其内涵的过程中，要始终以学生为主体，要激励

他们自主探究，教师的主要任务是尽可能多地给学生创设自主探究的时间和空间，切忌喧宾夺主，更不能越俎代庖。只有这样，学生才能在阅读课文的过程中找到最能感动自己的语句，才能以有限的课文为"例子"，学会自读自悟，自我提升。

三、师生互动，从课文中获得深刻的审美体验

由于小学生的认知水平还处较低的层次，阅读能力还很弱，他们在自主探究后所得的情感体验，往往比较肤浅。所以，教师要与学生一起互动交流，从中更深入地挖掘出教材中的精髓，让学生在精品细嚼中得到情感的体验，继而内化为自己的情感。

首先，引导学生在咀嚼文字的时候体验情感。这里的"情感"，一方面是指语言文字本身，另一方面是指课文中蕴含的思想感情。只有引导学生抓住文章的关键词句、动人情节、标点符号等细节，指导他们反复、仔细品味，精雕细凿，重锤敲打，使文章蕴含的思想感情溅出耀眼的火花，照亮学生的心灵，悟出其美妙之处，才能体会出作品的意境，获得真实的情感体验。如《万里长城》这篇课文中的第一句："长城是我国古代最伟大的建筑物。"如果不经意地一读而过，就会错过了一次体验情感的机会，如果引导学生从"最伟大"这个关键词中去认真品味，就能品味出长城所具有的历史价值，就能感悟到作者那强烈的民族自豪感与歌颂长城的激情。然后，以此展开对全文的分析，教师可以利用不同的教学手段，适时、适度地加以点拨、引导，从而让学生真正地感悟文章中的"情"，实现感情的某种内化。这里需要引起注意的是，在师生交流时，教师要灵活把握互动的时机，不要生搬硬套地突然引入，或干脆牵着学生的鼻子走。

其次，尊重学生阅读时的独特体验，让他们在自读、自悟中体验情感。小学的阅读教材思想性强，感情色彩浓厚，情节感人，人物形象鲜明，语言文字优美，非常适合学生朗读。而传统的阅读教学存在着一个不易察觉而又根深蒂固的误区，即认为文本的意义是作者早已赋予的，是客观且不变的。作为老师，应该以课文为本，引导学生用自己的心去解读课文，感受最能震撼自己心灵的词句或段落，才能起到以阅读来体验情感的效果。例如，在《白杨》一文中，"白杨从来就这么高大，就这么直……那么坚强"这段话，除了介绍白杨树的特点及赞扬白杨树的生命力的表面意思外，还包含赞扬服从祖国需要的边疆建设者们用自己的意志和毅力去战胜困难、实现理想的深层含义。如果只是泛泛的阅读，很难真实体会到这些深刻的情感。在实际的教学实践中，教师可用"导读—自学—再导读—再自学"的方法，引导学生联系上下文理解句子的含义，再让学生不厌其烦地读，用心去读，使情感层层推进，最终达到似乎自己真的把白杨树读得高大起来、顽强起来的效果。这样的阅读教学，不但读出了课文中情感的层次变化，还让学生最终达成了真实体验课文情感的理想效果。

再次，引导学生通过不断展开想象的翅膀来体验情感。小学生是天生的幻想家，具有极大的想象潜力，只要在教学中加以培养和激发，学生便可根据语言描绘和老师教学的激发，结合自己的生活经验进行想象，在头脑中组合成新的形象，化静态为动态，化平面为立体，化无声为有声，悟文思美，从而进入课文特定的情境之中。以《桂林山水》一文为例，当讲到"这样的山围绕着这样的水……真是舟行碧波上，人在画中游"一段时，教师可让学生来做导游，根据学生的预习情况，画出一幅桂林山水导游图，再运用教师自己所懂得的知识如导游般地加以介绍。然后，让学生闭上眼睛，展开想象，"你仿佛看到了什么?"通过这样的想象，学生得到了美的享受、美的陶冶。这样，学生热爱大自然、热爱祖国大好河山的情感也就会逐渐加深。

再比如，《荷花》这篇课文中有这样一段内容："我忽然觉得自己仿佛就是一朵荷花，穿着雪白的衣裳，站在阳光里，一阵微风吹来，我就翩翩起舞，雪白的衣裳随风飘动。不光是我一朵，一池的荷花都在舞蹈……"这段话是作者在荷花池旁观看荷花时被美丽多姿的荷花所吸引、所陶醉而产生的想象，为了让小读者与作者一同陶醉，为了让学生从中受到美的熏陶，在教学时可以让学生闭上眼睛听课文的配乐朗读，学生在听的过程中可自然联想到以前看过的荷花和类似的跳舞的情形，从而产生联想和想象，仿佛闻到了荷花的香味，看到了荷花的形状、颜色，听到了荷花池音乐的旋律，看到了作者与荷花共舞的情景；又仿佛置身于荷花池的怀抱中，与这白色的高洁的出淤泥而不染的荷花融为一体。这样，孩子们的心灵就受到了某种洗礼，灵魂就得到了某种净化，就会沉浸在一个圣洁的生活海洋里，放飞想象的翅膀，健康、幸福、快乐地茁壮成长。

最后，也可以引导学生换个角度去体验情感。也就是让学生设身处地地去读、去想、去体验，主动把自己的思想感情融入课文之中，主动移情到课文的角色之中，换个角度去体验文本的情感。例如，教学《万里长城》这篇课文时，教师可以先让学生欣赏长城的风光片断，然后结合作者的情感表达方式，鼓励学生换个角度去体验这样的情景："假如你登上了气魄雄伟的长城，你想怎样表达你的感情呢?"这样，通过学生转换体验角度，可以使他们再一次深深感受到万里长城的确令人向往，同时激发他们热爱长城、为长城骄傲自豪及热爱伟大祖国的深厚情感。可以说，这就是通过课文的阅读和学习，渗入了情感、态度和价值观的教育，体现了语文教育工具性与人文性并重的教学指向和育人目标。

四、移情于课外，促进学生语文素养的提升

当学生的情感被充分激发后，往往会形成某种意犹未尽的"高峰"状态。教师如果紧紧抓住学生情感的余韵及回响进行引导，不但能激起学生从课外阅读中继续获取知识的浓厚兴趣，还能让他们带着已有的理性认识和阅读体验，在生活实践中去自主学习，自主探究，自主发展，甚至教育和影响其他同伴，从而成为一个富有激情、热爱生活、充满正能量的活生生的人。

首先，可把阅读中获得的情感体验移植于课外的生活实践之中。学生的真情美感在课堂上得到充分陶冶后，就会用已有的情感标准对生活中的景物、事件及人物倾注某些独特的感情，这是学生情感的又一次升华。因此，教师可以动员学生自制生活小卡片，让他们把看到的、听到的、亲身经历的、触动心弦的事，用一两句话记下来，再用一两句话，抒发一下自己的感情，让学生在这一过程中充分地去运用情感，体验情感，升华情感。例如，某位小学生课外听别人讲了法轮功痴迷者竟把自己的女儿当作魔鬼活活掐死的惨剧后，就及时在小卡片中写道："这是母亲吗？是疯子还差不多！小女孩啊，你真不幸。法轮功真是害人不浅！"另一位小学生在看到自己所在的学校又新建了一幢功能完善的教学楼之后，在卡片中不由自主地赞叹到："日新月异的校园啊，你的明天会更加美丽！"这样的阅读及生活小卡片，不仅给学生提供了广阔的感情移植空间，还为他们学习书写具有真情实感的习作打下了扎实的阅读及写话基础。

其次，可把课内阅读中获得的情感体验移植于课外阅读之中。对小学语文教学而言，教学教材中的课文不是阅读教学的全部任务。

"从语文教材入手，目的却在阅读种种的书。"[5]《九年义务教育语文课程标准》中明确指出，从一年级至九年级，"学生课外阅读总量应在400万字以上"。也就是说，义务教育阶段学生的课外阅读兴趣及阅读内容，不应只局限于教材，还要在课外广泛阅读中外优秀文学作品，还要陶醉于绘本、童话、寓言、儿童故事、卡通故事、侦探小说、笑话故事甚至于武侠小说等丰富多样的阅读文本之中。教师如果能趁学生在课堂上阅读体验的余情未了之时，引导他们及时延情于课外阅读之中，就能实实在在地把握拓宽阅读范围的大好时机，取得较好的学习效果。例如，学了《卖火柴的小女孩》这篇课文，学生还沉浸在为卖火柴的小女孩的悲惨命运而悲叹的情感之中的时候，可引导他们进一步去读《安徒生童话》，走进安徒生深刻丰富的童话世界。学生详细学习了解了更多关于闰土的故事时，可以及时引导他们去读鲁迅的《故乡》等散文，去感受鲁迅及其作品的博大精深。当学生敬佩于课文中武松打虎的高超本领时，可引导他们进一步去读古典名著《水浒传》。当学生沉浸于某篇古诗词优美的意境之中时，可给他们推荐更多的优秀诗文，让学生去学习、吟诵。这样，教师在不失时机地引导学生获取课外知识的同时，学生在课堂上获得的某些阅读上的情感体验也得到了进一步的延伸，而且在这种独特的迁移式课外阅读之中，他们又会体验到更多更丰富的情感。我们相信，像这样长期日积月累，学生不论是在语言文字的积累上，还是在情感的体验上，都能获得循序渐进的提升和发展。

《义务教育语文课程标准》明确指出，"工具性与人文性的统一，是语文课程的基本特点"[6]。小学语文教材中的每篇课文，几乎都是语言美和思想美相结合的经典范文。因而，教师要紧紧抓住课本、教师、学生三者之间的一切有利因素，通过精心设计，努力引导学生去感受、体验课文中的丰富情感，最大限度地引导学生去求真、求善、求美。最终，让课本、教师、学生三者在多样化的情感交融中，共同互动，共同激发，共同影响，共同提升，使学生既能获取知识、开发智力、增长能力，又能在情感上得到陶冶、思想上得到净化，不断提高语文素养。

参考文献

［1］王燕骅. 现代小学阅读教学［M］. 北京：语文出版社，2003.

［2］叶昂龙. 小学教育论文撰写与例举［M］. 宁波：宁波出版社，2004.

［3］［5］叶圣陶. 叶圣陶语文教育论集［C］. 北京：教育科学出版社，1980.

［4］李吉林. 训练语言与发展能力［M］. 南京：江苏人民出版社，1984.

［6］中华人民共和国教育部. 义务教育语文课程标准［S］. 北京：北京师范大学出版社，2011.

小学语文阅读教学与自主学习

阅读提要：促进学生自主学习既是"课程标准"对小学语文教学的新要求，也是"课程标准"是否真正在课堂教学中得到落实的检验标尺之一。小学语文阅读教学只有充满乐趣，才会吸引学生，使其积极主动地学习；小学语文阅读教学的课堂应该在有启思、有质疑的交流中完成知识内化，才会促进学生自主学习；课堂阅读教学中如果多一些鼓励，学生自主学习的能力也会提高。

如果说 21 世纪的教育更强调知识学习的探索性和创新性，那么作为小学语文教学主体之一的阅读教学，就不应该再一成不变地沿袭传统的以情节分析为中心的课堂教学模式，而是应该不断进取，不断革新。大张旗鼓地倡导自主学习，就是当下实施小学语文阅读教学的重要手段之一。

《义务教育语文课程标准》中提出，"学生是学习和发展的主体。语文课程必须根据学生身心发展和语文学习的特点，关注学生的个体差异和不同的学习需求，爱护学生的好奇心、求知欲，充分激发学生的主动意识和进取精神，倡导自主、合作、探究的学习方式"[1]。叶圣陶先生也说过，"学语文主要靠学生自己读书，自己领悟"。这些论述都强调了自主学习在阅读教学中的重要作用。

自主学习的实质是鼓励学生自由学习、主动学习、自主创新，但这种自由和创新不是漫无边际的，而是在作为教学主体的教师指导下按一定程序进行的；一般而言，它的主要实施地点都是学校、家庭、课堂等特定的场所。教师充分利用这些作为主战场的平台或舞台培养学生的自学能力和创新精神，是应该得到肯定和鼓励的；因为这是激发学生学习兴趣、把课堂还给学生的重要抓手之一。其主要操作形式是，强化学生自主的语文实践活动，鼓励学生在认真读书思考的基础上，通过教师的指点，围绕重点、难点问题展开讨论和交流，鼓励学生发表独立见解，引导他们在实践中主动获取知识，形成能力，改变过去那种"教师讲、学生听"或"教师问、学生答"的单一教学模式。

一、自主学习的概念辨析

在我国，"自主学习"这一概念的提出，一方面反映了我国学习论这一领域研究的新成果，另一方面又是我国当前整个教育教学改革提出的新路径。一般而言，大多数研究者认为自主学习有以下三方面的含义。第一，自主学习是一种学习模式或学习方式，是指学生自己主宰自己的学习，是与"他主学习"相对立的一种学习方式；即学习者在总体教学目标的宏观调控下，在教师的指导下，根据自身的条件和需要制订并完成具体学习目标的学习模式。第二，自主学习是由学习者的态度、能力和学习策略等因素综合而成的一种主导学习的内在机制，也就是学习者指导和控制自己学习的能力，比如制订学习目标的能力，针对不同学习任务选择不同学习方法和学习活动的能力，对学习过程进行监控的能力，对学习结果进行评估的能力，等等。第三，自主学习是指学习者对自己的学习目标、学习内容、学习方法以及使用的学习材料具有独立的控制权，通俗地讲就是学习者在以上这些方面进行自由选择的程度；从另外一个角度讲，就是教育机制的各因素（教育行政部门、教学大纲、学校、教师、教科书）给予学习者的自主程度，或者是对学习者自由选择的宽容度。[2]从教育实践者的角度看，培养自主学习的能力就是在一定的教育机制中提供自主学习的空间以及协调自主学习与总体教育目标的关系。换句话说就是，虽然不同的研究者对自主学习的定义不同，但其本质是一致的。即自主学习是一种学习方式，是由学生自己决定学习内容、学习方法、学习强度、学习结果评价的一种学习方式，也可以理解为是学生的一种学习能力与学习习惯，学生能够自主控制、自主调整自己的学习行为和评价自己的学习结果。

二、阅读教学应与培养学生自主学习的能力互生共长

小学语文阅读教学是一个复杂的过程，即教师指导学生通过阅读理解特定课文的思想感情，掌握文章的表达方法，发展学生阅读能力与形成阅读习惯。阅读教学是小学语文教学的重要组成部分，甚至可以说是小学语文教学的中心，它在很大程度上决定着小学语文教学质量的好坏。[3]在以往的阅读课堂教学中，教师总是处于中心地位，学生完全围着教师转，处于被动应付的状态。这种课堂教学模式目前被视为对学生学习天性的泯灭，是一种变态、扭曲的教学手段，很多人认为当下的课堂阅读教学应彻底扭转这种局面。因为《义务教育语文课程标准》中指出："学生是学习和发展的主体。""学生是语文学习的主人。"这些都突出强调了学生在语文学习中的主体地位。确实，学生语文能力的提高，不能靠简单的灌输、反复的训练及枯燥的说教，应该让学生自己亲身地、反复地在语言实践

和运用中自主学习才能达成最终的目标。也就是说，语文学习在一定程度上应当是学生个性化、自主化的行为，有效的语文学习必然伴随着学习者主动、积极的思维和情感活动，通过自身的感知、揣摩、分析、联想、体会等学习环节去实现学习目标。在具体的小学语文阅读教学实践中，教师必须充分尊重、激发和培养学生的主动学习意识，培养学生自主学习的能力，使阅读教学与培养学生自主学习的能力互生共长，从而最大限度地共同达成提高语文教学质量的终极目标。

三、在阅读教学中培养学生自主学习能力的方法

（一）重视课前预习，主动质疑，自主解答

对小学生而言，具有良好的预习习惯对其形成阅读能力、提高阅读效率并顺利地达到目的有着至关重要的作用。叶圣陶先生曾经说过，"一篇精读教材放在面前，只要想到这是一个凭借，要用来养成学生阅读书籍的好习惯，就自然非教他们预习不可"。在指导学生预习的过程中，首先要教学生学会预习的方法。具体讲，预习要做到四点：一是"读"，即读课文，把课文读一读，读准字音，读通句子；二是"划"，即划出生字词及重点语句，标出不理解的地方，主动存疑或质疑；三是"注"，即标注拼音，给课文后的生字注上读音，以便更准确地朗读课文；四是"标"，即标序，给每个自然段标上序号，理清课文的层次，便于更好地理解课文的内容。在这一预习的过程中，学生的质疑常常能营造新的学习氛围，为课堂上进一步深入学习做好充分的铺垫。如教学《古井》这篇课文时，学生往往会提出这样的问题："为什么说古井像一位温情的母亲？""甜美

的乳汁"指的是什么？"哺育"是什么意思？教师可以利用这一系列的问题，通过课前预习、课中研读、课后反思等教学环节，使课堂教学变得生动活泼，师生之间、生生之间交叉互动，主动质疑，主动答疑，变课堂教学的教师"包场"为教师"导演"，变学生学习过程中的被动接受为自主探索，真正提高课堂教学效果。

（二）精心设计导语，激发学习兴趣

俗话说，好的开始是成功的一半。精心设计导语是激发学习兴趣的有效办法之一。首先，在具体的教学实践中，设计巧妙的导语具有磁石般的功效，能把学生分散的思维一下子聚拢起来。换个角度讲，虽然一堂课的每个环节都很重要，但要让学生自始至终处于积极的自主学习状态，精心设计和使用导语尤为关键。其次，在一堂课的开头，要精心设置问题的情境，使学生在这种情境的交互作用下，产生一种强烈的问题意识，呈现出一种"似懂非懂、似会非会"的状态，从而激发学生的求知欲望；这样做的目的在于激发学生的学习动机，增强其学习欲望。更进一步讲，在设计导语时，教师要尽量遵守学生"最近发展区"的原则，使问题有一定的难度，有一定的趣味性，能引导学生思考的方向，并和旧的知识发生联系，但又需要学生认真探索、思考才能找到答案。只有符合这一要求的问题情境，才能使学生一接触到问题或者一进入情境，就像磁石吸铁一样产生一种定向反射，随即变随意注意为有意注意，变散漫为专注，不管问题有多困难，也要力求解决，于是产生强烈的学习兴趣和动机，一鼓作气地达成学习目标。[4]例如，有位小学语文教师教学《太阳》这篇课文时，上课刚开始，就要求学生画一画自己心中最喜欢的太阳，他们想怎么画都可以，让学生在画太阳的过程中经历一番独特的情感体验，然后通过绘画导入新课，较好地激发了学生的学习兴趣，活跃了学生的思维，开启了学生想象的天空，使学生学习课文的自主性得到了强化。这种灵活的导语，像思想的电光石火，能给学生以深刻的启迪，具有催人奋进的效果。

（三）引导学生不断探索，培养其创新能力

兴趣只是一种诱因，一种动力，要使自主学习的主动性持久下去，关键还在于掌握语文的学习规律、灵活运用学习语文的方法，引导学生自己发现问题，提出问题，一方面为老师提供宝贵的学习反馈，另一方面为教学提供更加切实的问题情境，从而更好地培养学生的自主学习能力。学生在学习中往往存在"老师一讲我就明白，可一做题就糊涂"的现象，其实质是教师没让学生积极参与、主动探究，学生始终处于被动接受的状态。这就要求教师在"引导"上多下功夫，促进学生自主学习、自主探究，使学生在自主学习的过程中不断理解、领悟或发现。这样长期坚持不懈，就能使学生在合作交流、分析讨论等环节的磨炼中逐渐培养自我创新能力。

1. 引导学生开辟自主的学习空间

教师是学习活动的组织者和引导者，应重视引导学生主动积极地参与到整个学习过程之中，充分调动学生学习的愿望，发挥其学习的主动性。在学习每一篇课文之前，教师都应让每一个学生明确教学目标，做到人人心中有数，个个都有明确的努力方向，主动自觉自主学习、自主探索。教师的导学要突出学生的主体地位，强调自主，讲究教学方法。例如，教学《太阳》这篇课文时，一般可以这样引导学生学习。首先，让学生自由地读课文，把读懂的内容大胆说出来，以此来培养其自主学习的自信心；接着，学习"太阳的三个特点"这一部分时，让学生选择一个自己喜欢的特点自主学习；之后通过小组合作，交流各自的认识，让学生有自主表现的空间；

最后在学生学习完太阳的特点后，教师可设计一个让学生写"月亮"的小练笔，将阅读中学到的知识迁移到"写"的过程中去，这样就做到了知识迁移，读写结合。

2. 启发思维，质疑问难，培养自主探索精神

启发思维是培养自主学习能力及开发智力的重点。教学时，应让思维的绚丽花朵在每位学生的心中灿烂开放，让学生学会思考、敢于思考、善于思考。如教学《司马光》这篇课文时，可以启发学生想一想，除了"砸缸救人"，还有哪些更好的办法？这样质疑问难，对激发学生积极思考的热情、培养其自主探索精神会大有帮助。古人说，"学贵知疑，小疑则小进，大疑则大进"。有疑问，才有学习的内驱力，人类的思维活动往往是由于要解决问题的需要而引发的。阅读教学中，教师要积极引导、启发学生的想象，鼓励他们敢想、敢疑、敢问，重视学生质疑能力的培养，进而针对发现的问题组织教学，师生共同探索、共同解答。一位乡村小学语文教师在《古井》一课的教学中，鼓励学生针对课文的最后一个自然段，即"多好的古井啊，它不仅为乡亲们提供着生命的泉水，还陶冶着乡亲们的品格，使他们懂得应该怎样做人"。大胆提问，大胆质疑。结果学生提出了这样的问题："生命的泉水"指什么？为什么称为"生命的泉水?""陶冶"是什么意思？"陶冶着乡亲们的品格"具体指什么？为什么说古井"使他们懂得应该怎样做人"？教师因势利导，让学生通过自己读书、自主探索去寻找这些问题的答案。这样，一方面做到了以学生的提问为契机不断推进教学，另一方面以激励学生自主解决问题为最后的归宿，既好玩又有效。

（四）引导自读感悟，深入品味语言之美

读，是小学语文教学的重点和关键。从普遍意义上讲，任何一篇课文的情感都不是教师三言两语就能强加给学生的，只有通过学生反复朗读，反复从语气的轻重缓急、声调的抑扬顿挫、表情的喜怒哀乐中去体味情感，才能获得共鸣，受到熏陶，形成语文能力。以引导学生朗读《趵突泉》一课为例，教师可先让学生选择自己最喜欢、认为写得最优美的语句自由品读；然后分组交流，共同欣赏；最后全班分男女生交替读，让学生从朗读中领悟"大泉"表现的是一种壮丽、阳刚之美，朗读时要有一定的气势；"小泉"表现的是一种秀丽、阴柔之美，要读得活泼一些、温馨一些。学生通过有感情地朗读，既能品味到语言文字的醇厚韵味，又能学会自由优雅地表达自我。

（五）通过激励性评价使学生树立自信心

在阅读教学中，教师赞赏、激励的评价语言不仅能激发学生积极主动地学习，对课文产生浓厚的兴趣，而且能交流师生间的情感，营造宽松、民主、和谐的学习氛围，有利于帮助学生树立学习的自信心。教师在教学中应经常使用激励性的评价用语，比如：有自己的独特见解，读得真有感情，读出了作者的心情，分析得很准确，很善于思考问题，等等。我们可别小看这些激励性的评价语言，它不但在心理上为学生创设了一种安全的学习氛围，而且增进了师生之间的感情。如一位老师在讲《五彩池》这篇课文时，要求学生用读来表现对"漫山遍野"的水池的理解。第一位学生读得不够好，于是老师说，"你读得这么响，我却只看到几十个池。还要再努力！"第二位学生读得有进步，她就说："哦，让我看到了几百个水池了。"第三个学生读的情感到位了，她评道："呀！这下我真的看到了三千多个水池啦。"在这种形象生动的语言激励下，每个学生都学得趣味盎然，参与热情很高。当然，在这一过程中，教师还要特别注意激励学习暂时有困难的学生主动发言，而且在发言的质量上不要提太高的要求，这样会让这些学生感到老师态度诚恳，关心自己，进而产生主动求知的心理冲动，以良好的心态努力学习。

综上所述，在小学语文阅读教学中，充分促使学生自主学习既是"课程标准"对阅读教学的内在要求，也是"课程标准"是否真正在课堂教学中得到落实的检验标尺之一。小学语文阅读教学只有充满乐趣，才能吸引学生积极主动地学习；小学语文的阅读教学课应该在有启思、有质疑的交流中不断完成知识内化，不断培养学生自主学习、自主探索的能力和精神，这样才能变得流光溢彩，充满魅力。

参考文献

[1] 中华人民共和国教育部. 义务教育语文课程标准 [S]. 北京：北京师范大学出版社，2011.

[2] 陈德松. 自主学习研发综述 [J]. 浙江教育学院学报，2005（2）.

[3] 倪文锦. 小学语文新课程教学法 [M]. 北京：高等教育出版社，2003.

[4] 龚春燕，林允舒，杨勇. 魏书生教育教学艺术（第一卷：课堂教学）[M]. 桂林：漓江出版社，2000.

农村小学语文课外阅读实施策略

阅读提要：目前，农村小学课外阅读存在重视程度不够、阅读涉及的范围较窄、学生的阅读目的不明确、难以养成良好的阅读习惯等问题。要解决这些问题，必须促使教师、家长、学生实现观念的转变；帮助学生解决好阅读资源的问题，培养学生的课外阅读兴趣；实现课内、课外有机结合，指导学生学会积累和运用。课外阅读不仅是学生开阔眼界、储备知识、训练能力的重要手段，而且是大语文教学所强调的核心内容。组织学生进行自主、有序、有效的课外阅读，让课外阅读为学生的人生打好底色，为学生终生学习奠定坚实的基础，功莫大焉。

一、引言

现代社会是一个信息社会，生活在这个纷繁复杂的信息社会之中，就要不断地获取信息。《义务教育语文课程标准》中明确指出，"阅读是搜集处理信息、认识世界、发展思维、获得审美体验的重要途径"[1]。由此可见，阅读或通过阅读获取信息在九年义务教育课程中尤其是在小学语文教学中具有十分重要的地位。可以这样说，引导学生在阅读过程中逐步养成良好的阅读习惯，为自我发展打好底子，进而引导他们树立正确的世界观、人生观和价值观，是语文教育工作者的崇高使命[2]。换句话说，对小学语文教学而言，课内阅读与课外阅读都非常重要，但鉴于学生和家长对课内阅读比较熟悉，对课外阅读则普遍知之不足、知之不深的现状，我们在此暂时放下课内阅读不讲，集中力量就课外阅读尤其是农村小学如何实施课外阅读教学做一些探讨。

二、农村小学课外阅读存在的问题及原因

我们对云南35所小学的实地调查表明，目前的农村小学在课外阅读方面存在着重视程度不够、阅读涉及的范围较小、学生的阅读目的不明确、学生难以养成良好的阅读习惯等普遍问题。下面详细陈述。

一是不重视课外阅读。具体表现是，在城区学校被誉为开启智慧之门的课外阅读在农村小学却普遍受到"冷落"，期待点燃智慧火花的孩子竟然与"读书之乐"无缘，只有约50%的学生认为课外阅读是相当有价值的，只有约25%的学生有坚持课外阅读的习惯。这一问题之所以形成，大概有三个方面的原因：首先是学生的课业负担过重，面对考试的压力，每天都有做不完的作业，面对教育主管部门和学校对老师和学生的评价及考核，大家的眼睛都盯着学习成绩，教师轻易不敢让学生离开课本、离开考试去读那些似乎无用的课外读物。

二是阅读书源不足。在调查走访中，农村小学的大部分学生反映，家中没有适合自己读的课外书，甚至家中除了教材之外，基本没有其他藏书。大部分学生没有零钱去买书，即使偶尔有零钱也不会用来买书，而是用来吃几碗米线或买其他东西。有的家长虽然会

主动去帮孩子买书，但买的也只是练习册、复习资料或作文书等。另外，学校虽然有一个不大的图书室，但藏书比较陈旧，没有专人管理，经常不开放，老师也不鼓励学生去图书室看书学习。有的学生甚至不知道学校有图书室，更没有进图书室去借阅过任何书籍。

三是家庭重视不够。除了受经济条件制约外，大部分家长都认为，孩子读书主要是老师教、老师管，家长只要让孩子吃饱穿暖就行了。大多数家长不支持孩子去买课外书，理由是看课外书会影响孩子的学习。孩子们回到家里看看电视、做做家务就行了，用不着整天看书学习；至于像城里孩子那样，花很多钱去学习琴棋书画，或是参加这样那样的补习班、读书班，农村孩子的家长想都没想过，更别说给孩子去花这些"冤枉钱"了。

四是课外阅读涉及的范围很小。少数条件较好的农村小学的孩子们虽然有一点课外阅读，但涉及的范围很小，学生课外阅读的书籍以作文类图书居多，还有少数的童话故事、寓言故事等，而与教材内容匹配的课外读物则较少，自觉进行阅读者则更少，有目的、有计划进行课外阅读的学生几乎没有。究其原因，主要是在部分老师、家长和学生头脑中，所谓课外书就是各类练习册、复习资料以及作文选，学生把课外阅读《作文选》当成提高作文分数的法宝。当问及学生最希望读哪类课外书时，他们只能笼统地回答出童话、故事等类别，很少说及自然、历史、地理、科学、科幻等方面丰富多彩的书籍。另外，各类图文并茂的少儿读物印刷都比较精美，几乎都是彩色印刷的，因而价格较高，超过了农村学生的购买能力，这也是他们很少阅读绘本、动漫等图画书的一个重要原因。

五是学生阅读目的不是很明确。我们在走访调查中发现，农村小学的大部分孩子看书前没有计划，没有目的性；不少学生还反映，老师从不会告诉他们应该读哪些课外书籍，而是常常强调学好教材最重要。对于"你认为为什么要读课外书、读课外书有什么好处"等问题，大部分同学的回答比较含糊，指向不明或者指向高度同质化，要么不回答，要么答案大部分是"阅读课外书，有利于提高写作水平"，等等。也就是说，教师、学生、家长对课外阅读的指向和目的都不是很明确，都没有充分认识到课外阅读的重要性，更谈不上有目的、有计划地指导学生博览群书，使其不断增长知识、提升素养。

六是学生未养成良好的读书习惯。从平时了解的情况看，许多同学看书时浮光掠影，走马观花；看书后不会做标注，更不会摘抄或写读书笔记。不少学生会带着似乎是很自豪的神情说："我没有课外阅读的习惯，放学回家后我除了吃饭、睡觉，几乎都在看电视或打游戏，即使看一会儿书，大部分也是为了应付差事，完成老师要求完成的任务，随便摘抄几个词、几句话，便算是读书笔记，以便应付老师的检查。"造成这一现象的原因主要在以下两方面：一方面是教师及家长对孩子的阅读指导不够，这使得学生甚至是小学高年级学生面对调查提问时，对"你如何有效地阅读课外读物"这类问题几乎无法回答。随意阅读的情况居多，习惯性阅读的现象十分罕见，因为教师在平时的教学中，把大量精力放在让做题及练习上，关注的是各个知识点的复习，机械枯燥。这样做的好处是，学生的考试成绩不与老师的激励及晋升直接挂钩，坏处是忽视了学生的终身发展，忽视了通过课外阅读的指导促使学生养成良好的阅读习惯这一重要问题。家长对孩子的课外阅读关注得也比较少，大多数家长尤其是父亲出外打工，孩子与母亲或爷爷奶奶在一起生活，他们根本无力关心或指导孩子的课外阅读，也无法给孩子提供可以借鉴和学习的阅读榜样，有的只关心孩子的学习成绩，有的甚至连孩子的学习成绩也很少过问。有的家长说，我们的烦心事都忙不完，哪有闲心管什么孩子的课外阅读哟！

事实上，《义务教育语文课程标准》对课外阅读有明确、具体的要求，许多专家学者也一再呼吁教师和家长重视孩子的课外阅读，语言大师吕叔湘先生甚至说过："少数语文水平高的学生，你要问他们的经验，异口同声地得益于看课外书。"[4]但这一切的一切，都仿佛离农村小学孩子们十万八千里，老师、家长、孩子都没时间去管什么课外阅读，反正天也不会掉下来，用不着大惊小怪！

三、农村小学生课外阅读的实施策略

我们认为，要解决上述种种问题，就必须重视学生的课外阅读，实现教师、家长、学生观念的转变；就必须帮助学生解决好书源问题，培养学生课外阅读的兴趣；就必须实现课内阅读与课外阅读的有机结合，指导学生学会积累和运用。

（一）要实现观念的根本转变

著名教育家张立公先生说过，"以我自己学习语文的经验来看，将课内与课外三七开"[5]，是比较理想的选择。我们不应把学生局限在课堂里自我封闭，要按照"课程标准"的要求，把教材作为一个"例子"，引导学生切实开展课外阅读，从而在阅读中不断提升自我的综合素质。首先，社会要创造一个大气候、大氛围，形成一种课外阅读蔚然成风的大好局面。其次，教师要转变观念，不被当前的"应试教育"环境及各种评价考核方式所困扰，关注学生的终身发展，充分认识课外阅读对提高学生语文素养的重要作用。最后，各级教育主管部门要主动开办家长学校，有针对性地培训家长，让家长不再只看重孩子的成绩，不再认为读课外书是不务正业，并且积极支持和指导孩子进行课外阅读。

（二）要解决好阅读资源不足或单一的问题

大多数人都认为，对农村小学来说，"要想孩子能够正常地进行课外阅读，解决好书源是关键"[6]。首先，教师要指导和帮助学生选择合适的课外读物，当下最有效的做法是配合教学进度有针对性地给学生介绍有益的课外书，多给孩子们讲解课外阅读的好处，让开卷有益的观念深入学生的内心。其次，可以根据学生的兴趣、喜好及其生理、心理年龄特点，给学生推荐合适的课外读物。如在学生提出很多为什么的问题时，向他们推荐《十万个为什么》《淘气蓝猫三千问》《动脑筋爷爷》等书籍。再如，发现学生喜欢看脑筋急转弯等益智类书籍时，及时给他们推荐科普读物、科幻小说等书籍，引导学生不断扩大阅读范围。需要注意的是，教师要关注学生的阅读情况，如果学生在游戏类书籍、武侠类书籍或言情类书籍中过分沉溺，教师要合理引导，使其阅读更有效益。再次，要动员各种力量，帮助学生多渠道筹集课外读物；除向家长宣传课外阅读的重要性并让其支持学生购买课外读物外，还可以一方面定时向学生开放学校图书室，根据学生的借阅情况分析数据，有针对性地充实图书室的藏书，一方面指导各班建立班级图书角，鼓励学生把自己拥有的有益的课外书拿到班级图书角来让大家共享，以一个班50人计算，一人带一本书，学生就可以读到50本书，何乐而不为呢？

（三）要持续不断地培养学生课外阅读的兴趣

人们都说"兴趣是最好的老师"，[7]学生只有对课外阅读产生了浓厚的兴趣，才能以积极的心态投入课外阅读中去。因此，教师要持续不断地激发、培养学生的阅读兴趣。

第一，要通过引导学生赏析片段，激发兴趣。即结合学生喜欢听故事的特点，有意识地挑选一些精彩、生动的儿童读物的故事片段，在课外或课堂上给学生讲讲，当学生听得津津有味时，来一句"欲知后事，去看书上的分解"，从而激发学生对阅读这篇文章或这本书的兴趣。

第二，可以有意识地给学生介绍一些古今中外热爱读书的名人、伟人，如高尔基、毛泽东、爱因斯坦等，以榜样的力量引导学生阅读；也可以大张旗鼓地表彰奖励那些课外书读得多、知识面广的学生，既激发其继续努力向上，也为其他同学树立榜样。

第三，要给学生搭建平台，鼓励他们大胆展示自我，也就是根据学生的心理特征，利用进行课外阅读渴望得到别人赞同的心理，搭建介绍我最喜欢的书、分享读书心得等各类活动性展示平台，鼓励学生登台表演，大胆、自信地展示课外阅读的收获及成果。具体讲，可采用"讲""展""赛"等形式进行。"讲"即讲述，可采用读书汇报会、故事会、阅读心得交流会等形式；"展"即展评，就是展评优秀的读书笔记、剪贴册、手抄报等；"赛"即竞赛，可采用知识竞赛、查阅资料比赛、朗诵比赛、辩论赛、演讲赛等形式组织进行。这种"讲""展""赛"的测评或展示方式，既能有效地检查学生课外阅读的情况，巩固其阅读成果，又能激发他们的阅读兴趣，调动其阅读积极性，推动课外阅读步步深入。

第四，奖励激趣。德国教育家第斯多惠说："教学艺术的本质不在于传授本领，而在于激励、唤醒、鼓舞。"[8]在指导学生课外阅读的过程中，教师要善于运用各种奖励手段，催化学生强烈的求知欲望，激发其课外阅读兴趣；奖励可分头衔类，如授予学生"阅读之星""小高尔基""故事大王"等荣誉称号；"特权"类，如给成功者一些"特权"，如担任本周升旗手、掌管图书柜的钥匙、"无限制借书"等；物质类，如给阅读优秀者奖励一本有趣的书、一本求知笔记本或是一块橡皮等。当然，教师采用哪种奖励形式奖励学生不重要，重要的是要确保其充分发挥激励、激趣作用。

（四）课堂教学要与课外阅读有机结合

教师除了持续不断地激发、培养学生的阅读兴趣之外，更重要的是要教会学生一些常用的读书方法，帮助学生掌握读书的基本程序和基本技能。学生阅读能力的提高，往往是"得法于课内，受益于课外"，这也就是人们常说的"授人以鱼，不如授人以渔"的道理。[9]教师在平时的教学中可以教给学生的主要阅读方法是标注法、浏览法、泛读法、精读法、摘抄法等。给学生教授阅读方法的最终目的，还是要促使学生掌握基本的读书方法，养成良好的阅读习惯。

首先，要指导学生"学会制订自己的阅读计划"。学生自由阅读的时间极为有限，引导学生学会合理安排有限的阅读时间，显得尤为重要。读什么书，什么时间读；零碎的时间读什么，整块的时间读什么；文学名著什么时间读，报刊什么时间读；这一切都要有长计划，有短安排。制订长计划，是为了有一个长远的目标；有短安排，是为了适应可能随时变化的情况。有了阅读计划，就能大大提高阅读效率。

其次，要注意引导学生在进行课外阅读时，要充分投入自己的情感。读书时，能否将自己的情感投入进去，是能不能读好书的关键。因为语言文字，除了"达意"，还有"传情"的功能；在大量文质兼美的文章里，既有鲜明生动的形象，又凝聚着强烈的感情，渗透着深刻的理性，学生从认知入手，借助形象，引发感情，在感情的陶冶中，展开想象，启动思维，从中感受、体会、感悟、理解并获得一定的语文能力。这就是由情感驱动，升华到情感共鸣，再进入一种物我两忘、如痴如醉的境界，怎么会没有效果呢！

最后，要注意引导学生，在进行课外阅读的过程中，要善于在书本上圈点标注、勾勾画画，或做读书卡片、写读书笔记，养成"不动笔墨不读书"的良好习惯。至于小学生写读书笔记的任务，要求不应太高，也不能拘泥于某种形式，可以摘抄佳词妙句，也可以摘抄精彩片断，可以写出读后感，也可以评点图书内容，切忌自我束缚，画地为牢。例如，阅读记叙文、说明文时，可以要求学生理清文章思路、摘抄佳词妙句或精彩片断，为作文积累材料；也可以指导学生概括文章大意，归纳中心思想，培养其分析归纳能力。阅读名言、警句时，可以要求学生摘录、评注，以陶冶其情操。阅读整本文艺作品时，可以要求学生讲一讲故事梗概，说一说人物的性格特征，或从某一方面评点一下某个人物，等等。

（五）要指导学生通过阅读和运用提升语文能力

多读，是学习语文的传统经验；只有多读，才能有较丰富的积累，才能形成良好的语感；只有多读，才能形成"独特的阅读能力"，才能提升运用语言文字的能力。

第一，阅读的品种要多。诗歌中的韵律美、节奏美及其优美的意境、深邃的哲理，让人流连忘返、不断回味；散文中的语言美、意趣美给人独具魅力的精神享受；小说中的人性美、人情美及其情节美、节奏美、叙事美，给人带来无限的遐想；知识性、科普性作品的作者以形象生动的笔调，描绘科学奇观，揭示自然奥秘，给孩子们以思想、科学的启迪。也就是说，不管什么作品、什么书籍，只要有利于学生的身心健康发展，不论古今，不问中外，都可让学生多读、多看。教师有意识地引导学生广泛阅读各种书籍或多样化的作品，不但可以拓宽学生的视野，使其从多方面吸收精神营养，而且可以增加学生的人文素养，使其未来的人生变得更有色彩。

第二，要特别强调诵读。诵读也是我国语文学习的优良传统。对于一些精彩片断、名篇佳作，要鼓励学生多吟咏、多诵读，这样才能积累大量的语言材料，养成良好的语感，形成富有自我的语文能力。小学阶段是个体逐渐觉醒，开始认识社会意识及形成基本的价值观的重要阶段，教师一定要引领学生从朗读中获取成长的精神营养。朗读是由多种心理因素组成的复杂的智力活动，它不是机械地重复原文，而是要通过阅读主体对语言和文本的某种重构，把原文内化为自己的体验，从而在理解和掌握原文的基础上形成自我的语文能力。对于小学生尤其是低年级的小学生来说，他们有意注意的稳定性比较差，不可能对看书这个目标和任务保持长期稳定的注意，因而教师应首先训练他们出声朗读课文的能力，要带点强制性地集中他们有意注意，然后再逐渐使其脱离这种被动式的有意注意，最终走向主动式的无意注意，学会自己约束自己，学会自主诵读。朗读是最基本的阅读方式之一，既是阅读的起点，也是理解课文的重要手段，有利于发展学生的智力，有利于使学生获得思想的熏陶；学生通过反复朗读特定的经典篇章，可以获得更丰富的感性经验和理性认知，从而促使自我不断成长。与此同时，学生在教师的引导下，有感情地朗读课文，深入地理解课文，会自觉或不自觉地对课文中描写的人物或事物产生强烈的情感共鸣。例如，课文中战斗英雄不屈不挠的斗志、劳动模范无私忘我的工作态度、科学家废寝忘食攀登科学高峰的精神、医生救死扶伤的人道主义精神、运动员勇夺金牌的拼搏精神等，都会对学生产生强烈的震撼和感染，都会内化为学生健康成长的强大精神力量。有了这种力量的滋养，学生必定会茁壮成长，成为新时代社会主义事业的建设者和接班人。

第三，"纸上得来终觉浅，绝知此事要躬行"。多读多练，是公认的提高小学生语文能力的良方。苏联教育家克鲁普斯卡娅曾经说过："儿童阅读在孩子的生活中起着重大的作用。童年读的书可以让孩子记一辈子，影响孩子进一步的发展。"[10]因此，无论从世界观、人生观的养成还是从知识的迁移、拓展等方面来看，在农村小学中开展课外阅读及培养学生的课外阅读兴趣，都有百益而无一害，具有极其重要的意义。需要注意的是，学生通过阅读积累的语言材料及其能力一定要运用，要通过各种语言实践活动，把这种能力外在地、显性化地表现出来。比如，写作文时，要鼓励学生多运用自己积累的语言材料，用得不太妥当不要紧，用得不准确不要紧，即使完全用错了，闹了笑话，也没有什么；要敢于通过运用语言文字提高自己的语文能力，要在运用语言文字的过程中感受积累的愉悦，体验运用的成就，从而不断提高自己的语文核心素养。

（六）要通过加强指导使学生养成终生阅读的习惯

要使学生保持对课外阅读的浓厚兴趣并使阅读成为一种习惯，需要一个长期的过程。在这一过程中，小学生由于年龄较小，注意力持续时间不长，维持对某件事的专注度的时间较短，许多孩子只有三分钟的阅读热度，因此，教师必须长期加强指导。

首先，要指导学生选择合适的读物。小学生年龄小、知识少、阅历浅，鉴别能力和免疫能力都比较差，需要在老师或家长的指导下进行课外阅读。农村小学面临的现实是，学生家长的文化层次相对较低，而且多数家长长期在外地打工，即便在家里也没有能力指导孩子进行课外阅读，只要自己一有空闲就打牌赌钱或搓麻将、玩手机。也就是说，农村小学的老师对指导选择合适的读物起着关键作用，各级教育主管部门要利用寒暑假，进一步强化对老师的培养，使他们责无旁贷地肩负起向学生推荐优秀课外读物的时代使命。云南某山村小学的一位老师在这方面就摸索出了一些经验。为了开拓学生的视野，丰富学生的知识，培养和提高学生的读写能力，他配合教材课文的阅读教学，积极向学生推荐与课文内容密切相关的读物，为学生架起了从课内阅读向课外阅读延伸的桥梁。比如，学生学习童话类课文时，便向他们推荐《格林童话》《安徒生童话》《一千零一夜》等孩子比较喜欢的读物；学生学习科普类课文时，就推荐他们阅读《十万个为什么》《大自然的奥秘》《科学的历程》等适合小学生阅读的科普读物。教学完《草船借箭》《石猴出世》等课文后，便兴致勃勃地指导学生们去读《三国演义》《西游记》等大部头原著。另外，这位老师每月坚持给学生上一堂《好书大家看》的课外阅读指导课，主要由老师或是学生推荐一本好书给大家看。阅读是一场心灵的对话。笛卡儿说："读一本好书，就是和一位心灵高尚的人交谈。"因此，找到适合学生读的课外书籍尤为重要。

其次，要针对学生的阅读实际给学生具体、有用的指导。具体讲，除了指导学生选择合适的读物外，还教给学生有用的读书方法，采用辅导讲座等形式点燃学生阅读的火花。比如，指导某些不得其法的学生使用工具书，指导某些不得要领的学生学会怎样精读和略读，指导某些浅尝辄止的学生边读边想，学会深入思索问题，指导某些懒得动手的学生学会写读书笔记，教学生制作读书卡片等。借此机会，我们重点谈谈读书卡片的制作问题。语言学家张寿康说过"不摆卡片不读书"，卡片虽小，作用却很大。一个人的记忆是有限的，为了把自己学习过的知识长久保留下来，就需要对这些资料进行收集、整理、分类，并制成资料卡片，以便用于日后的学习。也许有的人会说，在信息泛滥的时代做资料卡片会不会有些多余。我们认为，对正处于成长关键期的小学生来说，养成制作读书卡片的习惯，不仅是掌握了一种阅读方法，培养了一种好的阅读习惯，而且更重要的是培养孩子从小动手研究问题、解决问题的能力，形成脚踏实地、深入阅读的学风。

学生如果能制作出独特的、有价值的、知识性较强的读书卡片，就一定会改掉那些走马观花、囫囵吞枣或是漫不经心、粗心大意的阅读习惯。我们要相信孩子的阅读追求及动手能力，他们制作的读书卡片，可能形式多样，可能有动物形、植物形、水果形、人物形，也可能有动漫、绘本、卡通等新颖的形式。有一次，我们在一所农村小学看到了很多很有特点的读书卡片，有的绘上了精美的图画，还有的根据所读书籍的内容独出心裁地设计出了各种形状，令人难忘。例如，有一位同学读完《飞得更高》这篇作品后，设计出了几张飞机形状的读书卡片，并在感受栏中写道："我相信只要有梦，就一定会飞得更高，要相信我们每一个人都有一双隐形的翅膀！"当老师问她，为什么要把读书卡片设计成飞机的形状时，她说："我的梦想是当一名飞行员，我希望自己早日实现梦想。"这样的设计，这样的回答，凝聚着学生的心血，饱含着学生的渴望，承载着学生的追求和梦想，应该得到老师的夸赞和鼓励！

综上所述，课外阅读不仅是学生开阔眼界、储备知识、训练能力的重要手段，而且是大语文教学所强调的核心内容。组织学生进行自主的、有序的、有效的课外阅读，让课外阅读为学生的人生打好底色，为学生终身学习奠定坚实的基础，功莫大焉。针对当下的农村小学及其家长和学生中不同程度地存在着重视程度不够、阅读涉及的范围较小、阅读目的不明确不具体、学生难以养成良好的阅读习惯等问题，应该采用的可能途径或策略是：直面现实，切实重视学生的课外阅读；采取有效措施，实现教师、家长、学生观念的根本转变；帮助学生解决好书源问题，培养学生的课外阅读兴趣；实现课内阅读与课外阅读的有机结合，指导学生学会积累和运用。

或许有一天，农村小学孩子们的阅读条件、阅读能力和阅读水平能与城里的孩子们没有区别或者比城里的孩子更优秀，这既是我们的希望，更是我们的使命。

参考文献

［1］中华人民共和国教育部. 义务教育语文课程标准［S］. 北京：北京师范大学出版社，2011.

［2］杨九俊. 语文教学艺术论［M］. 北京：中央广播电视大学出版社，2008.

［3］贾晓波. 小学语文教学应注意几点［J］. 中小学教育，2009（7）.

［4］章建跃. 关于课外阅读的几个问题［J］. 基础教育研究，2008（8）.

［5］陆志平. 语文课程新探［M］. 长春：东北师范大学出版社，2007.

［6］张春兴. 课外阅读在小学语文教学中的应用［J］. 小学生学习指导，2009（1）.

［7］王荣生. 新课标与"语文教学内容"［M］. 南宁：广西教育出版社，2008.

［8］李运菊. 课外阅读在小学语文教学中的应用［J］. 小学教学设计，2009（4）.

［9］蒋成云. 让课外阅读成为孩子的精神享受［J］. 小学教学设计，2008（4）.

［10］吴立岗. 小学语文教学研究［M］. 北京：中央广播电视大学出版社，2007.

浅谈小学生良好阅读习惯的培养

阅读提要：童年是习惯形成的最佳时期。良好的阅读习惯的养成应该从童年时期抓起。在小学阶段，要重点培养学生广泛的阅读兴趣，使其不断扩大阅读区域，不断增加阅读量，养成"好读书、读好书、读整本书"的阅读习惯。在具体的教学过程中，教师应因地因人、因情因景设置明确的教学目标，采用科学的教学方法，持续不断地抓好阅读教学，从而有效培养小学生良好的阅读习惯。

我国著名教育家叶圣陶先生曾经说过，什么是教育？用一个简单的句子说，就是养成一种习惯。[1]著名教育家朱永新教授在叶圣陶先生的基础上进一步指出，阅读习惯的好坏及阅读能力的高低直接影响着一个国家和民族的未来。[2]叶圣陶先生及朱永新教授的论述表明，教育的关键目标之一就是要促使学生养成良好的学习习惯；对小学语文教学来说，坚持不懈地教育和引导学生养成良好的阅读习惯，应成为教师始终追求的重要目标。良好的阅读习惯一旦形成，它将成为个人成长历程中极有价值的宝贵财富，终生受用不尽。那么，对正处于生理和心理快速发展阶段的小学生来说，教师应该怎样实施教学，才能促使其循序渐进地养成良好的阅读习惯呢？这是一个很难从理论上阐述清楚的问题。在此，我们不过多涉及浩如烟海的阅读理论，仅从教师教学实践的角度，谈谈对这一问题的看法。

一、指导学生提高阅读能力，为其形成阅读习惯积蓄能量

从某种程度上讲，阅读习惯实质上是一种语言习得行为，培养学生阅读习惯，就是要提升其语言习得的能力和水平。对小学语文教师来说，要指导学生提高阅读能力，一方面要对语言习得理论及相关阅读理论有一些必要的了解，要准确把握小学生的生理及心理成长规律；另一方面要用自己良好的阅读习惯和日常的阅读行为去潜移默化地影响学生，用科学合理的教学方法去指导学生阅读，使学生真正成为阅读的主体，成为良好阅读习惯养成的追求者及实践者。

阅读是一个收集信息、解读信息、发展思维、获得审美体验的复杂过程。阅读习惯是通过长期的阅读实践形成的。这种阅读实践不是随意的、散漫的，它具有明确的目标性和价值性，应该主要在教师或家长的指导下进行。也就是说，良好的阅读习惯的养成离不开教师的科学指导，教师首先要按照科学的认知规律指导学生发展阅读能力，提高阅读水平，这样才能使学生在不断提升阅读质量、提高阅读效率、达成阶段性阅读目标的过程中，逐渐养成良好的阅读习惯。换句话说，教师指导学生提高阅读能力的过程，实质上就是为其形成阅读习惯积蓄能量的必经阶段。

在这个阶段，教师要指导学生掌握基本的阅读方法和阅读技巧。比如，无声阅读主要用来浏览和记忆，这是获取知识和收集信息的主要方式。理解性阅读主要用来理解和领悟阅读文本中的关键内容，要做到细读、理解与领悟并重，注重对细节的反复阅读和深入理解。有声朗读主要用来诵读和背诵古今中外历经岁月淘洗之后流传下来

的经典名篇，要做到反复诵读，随口背诵，通过经典的熏染不断提高语感水平和阅读能力。在课堂上，要真正把学生置于阅读的主体地位，要指导学生多进行自主阅读，要创造更多的情景让学生在阅读实践中锻炼成长，切忌重讲授轻阅读，更不能以教师冗长的课堂讲解代替学生的自主阅读。此外，教师还要对学生的某些专项阅读能力进行有针对性的指导和训练。比如，要针对小学生正处于背诵记忆黄金时期的实际情况，全面训练他们背诵经典名篇的能力。尤其是教科书中明确要求熟读背诵的那些经典名篇和重要段落，教师一定要指导学生熟练掌握，这对学生阅读能力的培养甚至对学生的成长成才都具有深远的意义。

我们相信，只要教师的阅读指导科学合理，只要学生作为阅读主体的独特作用得到充分发挥，学生的阅读能力和阅读水平必然会持续获得提升。这样一来，也就很好地完成了为学生形成阅读习惯积蓄能量的阶段性任务。

二、指导学生合理安排阅读时间，为其养成阅读习惯提供时间支撑

目前，在西南边疆民族地区的很多小学，由于受传统应试教育思想的影响，一些学校或教师习惯于单方面跟踪或看待学生的语文考试成绩，每天给学生布置大量书写类、解答类的语文作业，有意或无意地挤压了学生的阅读时间。在少数学校，学生反映，他们很喜欢读书，非常渴望阅读书籍，但每天的作业压得他们喘不过气来，几乎没有时间进行自主阅读。

一般而言，要真正落实"课程标准"对阅读的要求，在阅读习惯养成的早期阶段（小学一至五年级），除了正常的语文阅读教学之

外，每周至少要专门安排两节以上的阅读实践课程。在这一过程中，学生可以自由选择他们想要阅读的书籍，教师则要鼓励学生首先自主选择、自主阅读，然后再主动分享、主动交流，使学生成为阅读的组织者、参与者、合作者、分享者、交流者，充分体会到阅读的主体感及获得感。

另外，除了利用课堂教学时间和学生在校的时间指导学生开展自主阅读之外，教师还可以指导或要求学生充分利用周末和假期，多读书，读好书，读整本的书。比如，可以要求学生利用假期走进村子里的"农家书屋"，办一张借阅卡，并且至少借阅自己喜欢的5本书籍，同时要摘抄好词佳句，或者写出简单的读书笔记。在这一过程中，教师要合理布置假期作业，给学生留出足够的阅读时间。教师可以指导学生制定假期阅读时间表，每天都按时间表的安排完成规定的阅读任务。需要注意的是，不能盲目增加阅读时间和阅读量，不能挤压学生游戏或锻炼的时间。有的书籍要指导学生慢慢阅读、慢慢品味，有的书籍要指导浏览或快速阅读，合理分配阅读时间，使阅读效率不断提高。

这样合理安排阅读时间，就能为学生养成良好的阅读习惯提供时间支持，为其良好阅读习惯的最终形成奠定坚实的基础。

三、指导学生掌握阅读技巧，为其养成阅读习惯提供方法支持

在小学语文阅读活动中，学生始终是学习和阅读的主人，教师仅是学生阅读的支持者和指导者。教师的主要任务是指导学生掌握一些初步的阅读方法和阅读技巧，使学生能够在浩如烟海的书籍中自由行走、自由阅读。

　　一是教会学生通过快速浏览来获取重要的信息。以在课堂上的阅读为例，学生面对的是文本中那些诸如学习生字生词、理解叙事方式、把握段落大意、体会写作特点等需要当场解决或回答的问题，如果要在有限的时间顺利地完成这些学习任务，学生就要学会通过快速浏览不同文体的课文从中获取重要信息的技巧。然后，再将从文本中提取的信息，快速转换为某个文本的故事梗概、主要情节或者对文本中某些重要内容的认识理解等方面的答案。因此，教师在教学中除了指导学生掌握浏览的技巧外，还要根据阅读文本的不同或问题的差异来设定阅读时间，以实战的方式指导学生反复训练，以使其养成快速而有效的阅读习惯。在这一过程中，实际训练是关键，教师的讲解和指导只是辅助手段。切忌越俎代庖，以讲代练，因为没有大量实战性的阅读训练，学生不可能掌握通过快速浏览而获取信息的阅读技巧。

　　二要通过精讲细读引导学生感受语言文字的独特魅力。语言文字的魅力往往通过文本充分释放和展示出来，我们要享受其魅力，就应像品味葡萄酒一样，慢慢地去读，细细地去品，才能从字里行间感受到或柔美或醇厚的风采。例如，在指导学生阅读《鸟的天堂》这篇课文时，就要逐字逐句精讲细读，下足品味词句的功夫，要求学生反复诵读关键句子或段落，反复体悟和领会作者遣词用句的高超技巧，从而使学生感受到树木那种葱郁向上的生命活力，深刻理解作者把郁郁葱葱的榕树描写勾勒成"鸟的天堂"的独特创意。

　　三要指导学生灵活运用不同的阅读形式提高阅读水平。比如，朗读要声音适当，吐字准确，注意音调，把握节奏，要读得响亮，读得声情并茂。默读要安静轻松，思路清晰，独自享受。要鼓励学生使用不同的阅读方法去阅读不同的文本，这样长时间地反复积累和培训，学生的阅读能力必然会不断提升。

四、指导学生坚持自主阅读，为其养成阅读习惯提供内在动力

首先，要创设读书情境，使学生在阅读中受到情感的熏陶。俗话说，"书读百遍，其义自见"，这意味着反复阅读是深入理解文本含义的关键。在这个过程中，教师要积极创设合适的阅读情境，使学生在一个温馨优雅的环境中开展阅读活动，从而使其从内在和外在两个方面受到积极向上的情感的熏陶，不断提升阅读能力和阅读水平。比如，教室的设计和装饰不宜过分花哨，而是要营造浓浓的阅读氛围。教师的课堂用语要不断塑造以阅读为荣、以阅读为美的风尚。在阅读之前，要引导学生先营造一种饱满的阅读情绪；在阅读之后，要引导学生通过自己的合理想象，把优美的文字转化成动态的形象，甚至构建出美丽的图像系统，从而加深对文本的理解，增强情感的认同，提升阅读的层次。

其次，要培养学生边阅读边动笔的习惯，拓宽其阅读空间。比如，在指导学生在课堂上阅读课文时，教师应要求学生随时用笔记下老师讲解的要点，课后要将一些好词佳句摘抄在专门的笔记上，反复阅读和记忆。阅读完某个文本之后，要及时写出文本的主要思想，写出自己的阅读体会。上述这些阅读方式和阅读要求，其实就是传统的批注式阅读法。其要义在于，教师要培养学生边阅读边动笔的习惯，在具体的阅读实践中，要指导学生一边动笔标注关键内容，一边直接在文本上提出疑问，写出感悟，做出评论。如果学生真正养成了不动笔就不阅读的习惯，那么其阅读空间必将得到极大的拓展，这对其持续提升阅读能力有极大的好处。

当然，动笔阅读不是胡乱在文本上涂画，而是要有明确的阅读指

向，带着问题去读，通过阅读解决问题、提升水平。比如，开始阅读前，教师可以给学生提出一些问题，引导学生通过阅读去发现文章的主要内容，提炼文章的主题思想，把握人物的性格特征，使阅读具有目的性和指向性。在阅读过程中，教师应指导学生做好笔记，提出问题并尝试从文本中找出问题的答案。在阅读后，应引导学生复述文章的主要内容，概括文章的主要情节，解答课文后提出的主要问题，或者与同学们充分交流自己的阅读体会。例如，在阅读描写"闰土"的段落时，为了让学生更好地理解这一内容，教师可以设计这样几个问题引导学生边阅读边解答。具体问题是：由"闰土"这个名字你可以联想到他是一个什么样的孩子？少年"闰土"有些什么特点？你喜欢中年或老年的"闰土"吗？为什么？这些问题既源于课文，又是课文内容的合理延伸，学生边阅读边解答这些问题，有助于加深他们对少年"闰土"形象的理解，也有利于培养其良好的阅读习惯。

再次，要加强课外阅读指导，开阔学生的阅读视野。也就是说，在课堂阅读的基础上，教师要主动跟进，及时加强对学生课外阅读的指导，使学生通过课外阅读不断拓宽视野，健康成长。针对农村小学的学生课外阅读书籍不多的实际，教师要创造条件建立班级图书角，让同学们把各自的书籍集中起来，流动借阅，互相分享，有效扩大学生的阅读范围，开阔学生的阅读视野。教师还可以根据学习进度，定期向家长推送、推荐学生应该阅读的书籍，鼓励家长给孩子购买必要的课外阅读书籍。还可以把高年级使用过的阅读书籍，集中起来给相应年级的学生阅读，提高阅读资源的利用效率。

由上面的论述可见，良好的阅读习惯的养成是促使学生健康成长的关键因素。没有足够丰富的阅读实践，没有一定的阅读数量，没有一定程度的阅读能力和阅读水平，小学生不但不能学好语文这门核心课程，而且也很难真正成长为中国特色社会主义事业的建设者和接班人。

就此延伸开去，我们会发现，几乎所有教育发达的国家，都非常重视阅读教育，都非常重视培养孩子良好的阅读习惯，在这方面做得比较好的国家是芬兰、以色列、日本等。调查结果显示，以色列每人每年阅读书籍平均超过60本，而中国人的年均书籍阅读量不到犹太人的一半。有人比较激愤地批评说，当下的中国人更喜欢浏览网络信息、玩游戏，喜欢读书的人不是很多。我们暂且不去评判这种说法是否准确，而是要教育引导孩子们像少年时代的周恩来一样，从小立下"为中华之崛起而读书"的远大志向，真正养成良好的阅读习惯，努力成长为适应新时代需要的有用人才。

最后，作为教师和家长，我们一方面要率先养成良好的阅读甚至是写作习惯，充分认识培养儿童阅读习惯的重要性和必要性，最大限度地引导孩子们通过阅读量的不断增加和知识的不断积累，循序渐进地养成终生阅读、终生学习的良好习惯。

参考文献

［1］朱煜. 浅谈小学整本书阅读指导的策略［J］. 语文教学通讯, 2018（12）.

［2］陈秀文. 浅谈小学高年级良好阅读习惯的养成［J］. 中学课程资源, 2008（6）.

［3］姚旭. 浅谈学生阅读能力在小学语文教学中的培养［J］. 中国校外教育, 2017（5）.

［4］梁秉福. 浅谈小学生语文素养的提升［J］. 学周刊, 2017（18）.

［5］李月红. 浅谈小学语文教学中如何有效开展阅读教学［J］. 课程教育研究, 2019（18）.

［6］杨秀华. 浅谈小学生写作能力的培养［J］. 才智, 2015（4）.

［7］王艳梅. 浅谈小学生默读能力的培养［J］. 中国培训, 2016（2）.

［8］苟文娟. 浅谈小学生语文学习习惯的培养［J］. 赤子（中旬）, 2013（11）.

提高少数民族地区小学低年级学生
阅读能力的对策

阅读提要：阅读是人生存和发展的需要，是搜集处理信息、认识理解世界、发展思维及获得审美体验的主要途径。阅读是语文课程中极其重要的学习内容。少数民族地区学生阅读能力偏低主要是受语言环境、学生个体动力不足、教师教学方式欠佳等因素的影响。应采取的主要改进方法是：营造良好的语言环境提高汉语水平，激励学生个体积极阅读，改变阅读教学训练方法，注重指导学生背诵名篇佳作，积极开展课外阅读实践活动。

阅读是人生存与发展的需要，是搜集处理信息、认识理解世界、发展思维能力及获得审美体验的主要途径，也是小学语文课程学习中极其重要的教学内容。一般而言，小学低年级学生的阅读能力主要应通过课堂内外的阅读教学来培养，语文教师还应把阅读教学视为培养学生写作能力的重要前提和关键环节。在此，我们以云南省红河州屏边县新华乡的农村小学为例，对如何提高少数民族地区小学低年级学生的阅读能力做一些初步的探讨。

一、小学低年级学生阅读能力偏低的原因

（一）语言环境的限制

云南省红河州屏边县新华乡是多民族（苗族、彝族等为主）聚居的边疆山区，村寨比较分散，很多村寨距离学校超过五公里。近年来，党和政府高度重视边疆义务教育的发展，在校舍建设、教学设备、师资力量等方面不断加大投入，新华乡的小学教育水平持续提升，但与我国东部发达地区的小学相比，在语文阅读教学等方面还存在较大的差距。我们仔细调查发现，低年级小学生与发达地区同龄的孩子相比，他们的阅读能力之所以相对偏低，主要原因是，很多少数民族小学生入学前只懂本民族语言，入学后在一定程度上脱离了本民族的语言环境，❶ 他们普遍觉得阅读学习的内容难度较大，老师教的很多内容学不会、记不住。久而久之，某些学生会产生厌学心理，阅读能力的提高更是难上加难，个别学生甚至对学习失去信心，不想继续待在学校学习。也就是说，在造成民族地区低年级小学生阅读能力差的诸多因素中，语言障碍是一个关键性的因素。

（二）学生自身因素

在入学前，云南省红河州屏边县新华乡的少数民族小学生几乎都用本民族母语进行交流。入学后，他们的汉语语言能力普遍满足不了学生之间、师生之间相互交往的需要，他们需要突破的第一个

---

❶　在低年级阶段面临着快速适应新的语言环境的挑战。

难题就是，必须尝试用普通话进行交流（只讲本民族语言不能应对新的学习及生活要求），因此尽快学会讲一口流利、标准的普通话不仅是当地少数民族学生的愿望，而且是他们学习和生活中的必备技能。由于自身的汉语基础不太好或普通话学习不足，有的学生在交流时偶尔会闹些雅致的"笑话"，如有的彝族学生把"老师"说成"兰师"（发音不准）、把"打篮球"说成"篮球打"（主谓搭配不当），把"公鸡"说成"小伙子鸡"（汉语意思理解不到位）等。

《义务教育语文课程标准》"阅读总目标"的小学第一学段的第二条对一年级学生阅读的最低要求是，学习用普通话正确、流利、有感情朗读课文。[1]这对当地少数民族学生而言，是一件很难完成的学习任务，这给阅读教学及学生阅读能力的培养带来了一定的困难。

（三）教师的教学方法不恰当

红河州屏边县新华乡土生土长的少数民族教师，一定程度上接受了"双语教学"思想的影响，在少数民族学生超过学生总数三分之一的班级，一般都能在语文教学中实施双语教学。但教师在阅读教学时实行双语教学的弊端是，少数民族学生习惯以母语为中介来学习汉语，甚至依赖与母语对比互译的方式来学习汉语。也就是说，教师的这种教学方式不但不利于学生普通话水平的提升和阅读能力的培养，而且会弱化少数民族学生学习汉语的渴望和追求，对提高语文教学的阅读质量没有帮助。

二、提高低年级学生阅读能力的主要途径

针对影响云南省红河州屏边县新华乡农村小学少数民族学生提高阅读能力的这些因素，我们认为，语文教师应坚持因地制宜的原

则，一切从学生的实际出发，不断解决培养小学低年级学生阅读面临的各种问题，才能收到预期的效果。

（一）努力营造良好的汉语学习环境

从学校学习及生活的角度讲，教师应该努力创造条件，给学生营造一个良好的语言学习环境。在教学过程中，教师要始终坚持用标准、流利的普通话进行教学（个别教师习惯用方言进行教学），尽量不要在语文阅读课的教学中使用少数民族的语言辅助教学。或许对刚入学的孩子来说，这样做他们可能会"听不懂"，但只要坚持下去，学生自然会潜移默化受到影响，也能很快学会用普通话进行阅读。更重要的是，在课余时间，教师与学生交谈也尽量不要使用少数民族的语言（尤其是少数民族教师），还要鼓励学生在课余时间主动用普通话进行交流。

从家庭教育的角度看，家庭是孩子天然的学校，父母是孩子的第一任教师，家庭教育被视为教育之根和教育之源。也就是说，父母们（一般受过九年义务教育）在与家庭成员的沟通过程中，尤其是与正在上小学的孩子交流时，一定要有意识地引导孩子用普通话进行交谈，家庭成员之间也要尽量使用普通话（要长期坚持很不容易），言语的表达要清楚、完整、规范，尽量不使用方言土语，发现有误要及时改正，还要引导孩子多看"新闻联播"节目。

从社会的角度看，少数民族村寨要积极争取上级扶贫资金的支持，建立村广播站、图书室、村民活动中心，拓展小学生使用普通话进行交流的空间。村组干部、广大家长不需要给孩子实施各门学科的教育，只要给孩子们创设用普通话交流的语言环境，营造一个说普通话的氛围，这样才有利于学生阅读能力的持续提升。

（二）激励学生积极阅读、自主阅读

从根本上讲，阅读教学是学生、教师、教材之间充分对话的复杂过程，[2]阅读更多的是学生个性化、自主化的行为，不应以教师分析讲解代替学生的阅读实践，应该让学生在主动积极的思维和情感活动中，充分享受阅读的乐趣。[3]教师要珍视学生独特的阅读感受，引导其充分体验和理解阅读文本。要让阅读为少数民族学生打开认识世界的一扇又一扇窗口，让学生充分感受到阅读的无穷趣味。尤其是小学低年级学生，他们刚从自由自在的游戏、玩耍生活中，进入正规的学习生活，更要让他们感受到书中世界的美妙和精彩，这是整个阅读教学的心理基础和前提。教师要灵活使用语文教材，创造条件使阅读课堂成为快乐的天地，激发学生主体的阅读兴趣，这是搞好阅读教学的根本途径。

（1）让学生大胆上台表演。对图文并茂的低年级语文的课堂阅读教学而言，教师要采用朗读、体会及讲说与表演相结合的方式，引导学生在课文插图的启发下，采用各种不同方式进行朗读（自由诵读、视听结合读、分角色朗读等），充分体会句意文意，自读、自悟、自得，培养初步的语感。朗读课文熟悉到一定程度之后，及时引导学生采用讲故事、分角色表演等儿童喜闻乐见的形式来开展语言实践活动，及时进行自评、互评，台上台下互动，从而加深对课文的理解和感悟，提高学生的阅读能力。

（2）创设情境，让学生在无意识中感受到阅读的快乐，激起阅读的兴趣。在教学《小小的船儿》这篇课文时，[3]导入语可以这样设计：今天，教师请同学们猜个谜语，"有时挂在天边，有时落在山间。有时像把镰刀，有时像个圆盘"。一下子就调动起了学生阅读课文的兴趣。也就是说，采用谜语的形式选取儿童熟知的生活常识导入课文，贴近学生的生活认识水平，既有利于激发学生的兴趣，将学生引入特定的阅读情境，又能引出本课课题，为后面的阅读教学做好充分的铺垫。

（3）根据阅读教学的内容，引导学生自编自讲有趣的故事。低年级学生最爱听有趣味的、切合儿童年龄及心理特点的故事，教师在教学《小熊住山洞》《小鹰学飞》《狼和小羊》等带有童话色彩的课文时，一方面可以用讲故事的方法激起学生的阅读兴趣，另一方面可以引导学生根据课文内容，自由想象，自由发挥，自编自讲有趣的故事。

（4）引导学生自由发言激发其阅读兴趣。例如，在教学《多彩的四季》这篇课文时，可以先让学生说说自己对春夏秋冬四个季节的感受。

生1：我不喜欢冬天，冬天冷死了！

生2：我喜欢夏天，夏天有很多大西瓜！

生3：我喜欢春天，花儿们笑开了脸！

生4：我喜欢秋天，树上挂满了果子！

然后，再水到渠成地引领学生学习课文、阅读课文、理解课文的含义。

（三）强化课堂上字、词、句的阅读训练

《义务教育语文课程标准》小学第一学段第五条的阅读要求强调，结合上下文和生活实际理解文中词句的意思，在阅读中积累词语。要实现这一教学目标，必须强化课堂上字、词、句的阅读训练。

（1）激发情感，让学生主动阅读。学生主动学意味着学生在课堂上不是消极被动地受教师或"暂时领先者"的"教育"和"灌输"，而是有强烈的主体意识，在每次学习经历中都能产生新的需要和兴趣，主动积极地去阅读、去探究，在自主阅读中自由发展。教师要善于把教学要求及教学活动过程变为学生的主观阅读需要，激发学生的情感，激发学生的阅读热情，使学生主动投入阅读，主动参与阅读。例如，在教学《乌鸦喝水》这篇课文时，学生往往产生这样的疑问：乌鸦的办法好是好，可是它真的能喝到水吗？这时，教师可因势利导，一方面引导学生用手指模拟乌鸦叼起石子的样子，用手指"叼起"一个又一个的小石头，放进装有水的瓶子里。一方面引导他们边操作边用自己的话进行表达。

生1：我知道"渐渐"的意思了，"渐渐"就是一点点地变化，慢慢地变的意思。

生2：石头要一个一个地放，因为瓶口太小了，石头太大了，就会堵住瓶子口的。

生3：我体会到乌鸦加石头很小心，动作很轻。

生4：因为石头住进水的家里，水在家里就没地方住了，就要往外面跑。

生5：只要往里面加东西（不是石头也可以），水就会慢慢升高的。

生6：不对，我不同意，一定要加会沉入水里的东西，浮在水面的东西是不会让水升高的。

……

如此这般，学生的阅读感悟远远超出了教师的想象，他们独特的思维方式、活跃的语言表达、高涨的学习热情、积极的学习互动，使课堂呈现出生动的情景。

（2）要把词语的学习与培养学生的想象力结合起来。例如，教学跟海洋有关的"沙滩、贝壳、脚丫、海风、海鸥、浪花、珍珠、鱼虾、海带、港湾、渔船、晚霞"这些词语时，一方面要利用这些词语内容相关、排列整齐、合辙押韵的特点，引导学生愉快阅读；另一方面要把这些词语的学习与培养学生的想象力结合起来，利用山区少数民族孩子没见过大海、渴望见到大海的心理，先播放一段有关大海的视频，再通过情境导入，让学生自由想象，努力建立词语与大海的联系，一边读词语，一边联想画面。

（3）让学生在比较阅读中感悟语言的美。对于课文中那些精美的句子，教师可以让学生反复朗读、反复体会，在比较阅读中感受语言的魅力。学生作为教学过程中的主体，应该充分张扬阅读个性，应该在阅读教学中自由开展师生互动、生生互动，从而不断形成自己的阅读能力、理解能力和审美能力。

（四）注重指导学生背诵名篇佳作

《义务教育语文课程标准》在低年级诗歌的阅读方面强调，引导学生诵读儿歌、童谣和浅近的古诗，展开想象，获得初步的情感体验，感受语言的优美。这些要求表明，教师在语文教学中，要注重指导学生背诵名篇佳作，尤其要注意引导学生背诵小学语文教材中精选的几十首诗词，这是小学语文教学不可忽视的重要内容。

一要引导学生领略古诗的自然美。小学语文教材中选入的古诗，大多描写优美的自然景观，如晨曦初现、夕照流辉、朗月清风，绿水青山、飞流穿空、田园风光等，教师要引导学生背古诗、悟美景，提高阅读能力。

二要引导学生感受古诗的意境美。在古诗词的教学中，教师要引导学生充分感受和领悟诗词中的意境，教师要从对古诗文词义、句义的讲解中解脱出来，让学生从被动地听讲转变为主动地阅读。例如，诵读入境法，精美的诗文需要动情地诵读，舍此不能体会其中的意蕴和美感，要通过朗读吟诵引导学生进入佳境。再如，披文入境法，要引导学生通过诵读深入领会诗词中蕴含的思想感情、志趣理想。

三要从多方面开展活动，指导学生背诵。比如，读、唱、吟、诵相结合，教学《锄禾》《鹅》等课文时，可让学生边背诵边模拟动作。又如，背诵与表演相结合，教学《所见》《蚕妇》等课文时，可让学生两人一组扮演不同的角色，用对话表演诗句的内容。再如，写与画相结合，教学《梅花》《小池》《古朗月行》《小小的船》等课文时，鼓励学生把自己理解的诗意写下来或画下来。

（五）鼓励学生阅读课外读物

《义务教育语文课程标准》指出，要"培养学生广泛的阅读兴趣，扩大阅读面，增加阅读量，提倡少做题，多读书，读好书读整本的书，鼓励学生自主选择阅读资料"。低年级"课外阅读量不少于5万字"。[5]这表明，开展小学语文课外阅读，对于丰富学生的学习生活，提高听说读写能力，促进个性的发展，有着重要作用。低年级小学生虽然认知水平较低，识字也较少，但也不能忽视课外阅读，教师推荐以注音童话、寓言为主，兼顾小故事、科学知识等阅读材料给学生，对他们进行良好的思想教育和阅读教育。

一般而言，给低年级小学生推荐课外读物要突出有童趣、有意义这两个特点。在向低年级小学生推荐课外读物时，要注重趣味性，要适合儿童的年龄特点和认识水平。如《童话大王》《十万个为什么》等体现知识性和文学性的读物，都是孩子们非常喜欢的阅读文本。学生的课外阅读要适当联系语文教材中的课文，通过课外阅读扩大知识面，加深对课文的理解。例如，学习《猴子捞月亮》这篇课文后，及时引导学生阅读有关猴子的寓言、故事及关于猴子的知识介绍等文本。学完《丑小鸭》之后，推荐学生课外阅读《安徒生童话》等。

（六）开展丰富多彩的语文阅读实践活动

建议语文教师每周安排一次阅读或交流活动。可以是全班进行的交流，也可以是小组的阅读活动；可以是个人发言，也可以由发言者向其他同学提问。除了看、读、说之外，还要重视少数民族一年级学生的"听"这一教学环节，可以安排"每日一听"的活动，利用上课前 5 分钟，播放有声阅读文本给学生听，这样长期熏陶，学生的朗读及语感能力必然会更出色。

对于刚入学的小学生而言，在课外生活中自主阅读与教师指导阅读同样重要。比如，教师可引导学生认读班上所有同学的姓名，认读电视屏幕上出现的文字，认读食品商标及说明，认读其他学科教材中的字，把生字生词做成卡片，等等。教师要对学生的阅读情况进行检查、落实和测评，不能放任自流。定期测评可采用讲一讲体会、说一说感受、复述故事、交流阅读心得等方式进行，力求实效，不搞花架子。另外还可以采用展评摘抄笔记、手抄报比赛、知识竞赛、查资料比赛等方式进行测评。测评既要能有效检查学生课外阅读的情况，又要能激发学生的阅读兴趣，提高课外阅读的效率。

综上所述，阅读是人生存和发展的需要，是搜集处理信息、认识理解世界、发展个人思维及获得审美体验的主要途径。从云南省红河州屏边县新华乡农村小学低年级学生的实际情况看，因为受语言环境限制、学生个体动力、教师教学方式等因素的制约和影响，学生的阅读能力发展相对滞后。针对这些问题，语文教师应结合学生的实际，主要采用营造良好的语言环境、激励学生个体积极阅读、改变阅读教学训练方法、注重指导学生背诵名篇佳作、积极开展课外阅读实践活动等方式，不断反思和改进语文阅读教学，从而有效培养和提高学生的阅读能力。需要强调的是，任何教学方法都只是一个例子，要真正提高学生的阅读能力，需要一线的语文教师不断反思、不断探究，才能取得应有的成效。

参考文献

［1］中华人民共和国教育部. 义务教育语文课程标准［S］. 北京：北京师范大学出版社，2011.

［2］倪文锦. 小学语文新课程教学法［M］. 北京：高等教育出版社，2003.

［3］倪文锦. 走进课程：小学语文新课程案例与评析［M］. 北京：高等教育出版社，2004.

［4］傅先蓉. 小学语文教学建模［M］. 南宁：广西教育出版社，2003.

［5］金振邦. 阅读与写作［M］. 北京：中央广播电视大学出版社，2001.

小学高年级阅读教学存在的问题及对策

阅读提要： 阅读教学是小学语文教学的核心内容。在小学语文高年级的阅读教学中，存在本末倒置、肢解课文等问题，针对这些问题，应从培养阅读习惯，开展语文实践活动，拓宽阅读范围等方面去努力，以便找准阅读教学的重点，有效地改进阅读教学，提高教学质量。

阅读是心灵的交流、精神的对话。阅读活动是读者通过与作者的心灵对话，达到自我与作者双重发现的独特活动。

阅读教学是小学语文教学的重要内容，它对全面提高小学生的语文素养有着举足轻重的作用。《义务教育语文课程标准》要求，小学阶段要让学生"具有独立阅读的能力，注重情感体验，有较丰富的积累，形成良好的语感"。对小学高年级学生而言，要能"在阅读中揣摩文章的表达顺序，体会作者的思想感情，初步领悟文章基本的表达方法。在交流和讨论中，敢于提出自己的看法，作出判断"。[1]

近年来，经过广大教育工作者持续不断的努力，小学语文阅读教学有了长足的进展，取得了明显的成效。然而，在具体的阅读教学中仍然存在着重认知轻情感、重理性轻感性、重分析轻综合、重共性统一轻个性差异等倾向。这在一定程度上对学生语文阅读能力的提升产生了不良的影响。因此，扎实有效地探索提高小学高年级语文阅读教学质量的相关问题，就成了具有较强现实意义的重要问题。[2]

一、小学高年级阅读教学存在的主要问题

（一）本末倒置：乱花渐欲迷人眼

一直以来，阅读教学都是小学语文教学的重头戏，在新课改强劲东风的推动下，小学语文教师铆足了劲儿对阅读教学进行改革和探索。或许是有的老师在新课程改革背景下的教学实践中过分强调求新求变，于是小学语文高年级的阅读教学出现了"乱花渐欲迷人眼"的现象。

1. 活动花哨迷人眼

《义务教育语文课程标准》指出，应拓宽语文学习和运用的领域，注重学科的学习和现代科技手段的运用，使学生不断在内容和方法的相互交叉、渗透和整合中开阔视野，提高学习效率，初步获得现代社会所需要的语文实践能力。基于此，有的教师特别强调语文新课程跨学科的教学及学习，于是小学语文阅读课便出现了各种各样花式翻新的活动，如画、唱、跳、演等，可谓是十八般武艺全用上，煞费苦心，弄得人眼花缭乱。课堂似乎变得热闹了，学生也学得"不亦乐乎"了，可这样的语文课还姓"语"吗？在这些花哨的活动中，学生的语文素养得到全面提高了吗？不少人对此持怀疑态度。

2. 扯开嗓子放声读

走进现今的小学语文阅读课堂，高低起伏的读书声如春风猛吹，好不热闹。教师尤其是上某些公开课的教师，纷纷采用自由读、分组读、对读、引读、齐读等各种朗读手段强化阅读教学。[3]可以说，

学生发出声音的读的形式在阅读教学中得到了回归，但不出声的读在小学语文阅读课中出现的频率却不高，特别是在公开课上，教师生怕课堂安静下来会出现冷场的尴尬，于是大多采用要求学生放开声音诵读的教学方式，很少让学生默读，大声读书成了课堂上值得炫耀的亮点。我们静下心来仔细想一想，出声朗读真的有助于学生理解感悟文本、走进文本吗？如果过分强调出声朗读对文本的理解感悟会带来什么影响呢？

3. 肢解课文无厘头

现在的某些小学语文阅读课，尤其是公开课，教师总是挑选出自认为是课文"精华"的句子、段落，将它们肢解拆分，讲得头头是道，似乎这些被视为"精华"的内容能独立于课文之外，可以超越课文教学的整体性而存在。事实上，教学中对某些重点难点的句子或段落的理解感悟固然十分必要，有助于学生更深入、更准确地把握文本的内涵，但如果只注重局部分析甚至肢解，忽略了对整体的把握，那么学生对文本的理解将是破碎的零散的，甚至有可能是残缺不全的。

（二）名不符实：水中望月空自叹

随着新课程改革的不断深入推进，不少小学语文教师在进行积极探索的同时，教学上也出现了一些水中望月、名存实亡的现象和问题。

1. 教材（课本）成了摆设

教材本来是学生学习最重要的凭借，也是教师开展教学的必备依托。教材是支撑教与学活动的既经济又实用的教学资源，是教学取得成功的必备材料。但在某些阅读教学情境之中，原本应该人手一册的教材却在教学改革浪潮的冲击下，自觉或不自觉地退出了阅读课堂，取而代之的是自制卡片、小黑板、课件、视频等花样繁多的新式教学资源。许多教师直接将课文中的词语句子、段落甚至整篇课文，直接制成课件、视频等，上阅读课时，学生甚至可以抛开课本，只需直接看着屏幕按老师的提示阅读就行了，学生捧着课本阅读的情景似乎正在日渐减少，是不是一节课中的大部分时间都让学生对着屏幕阅读就是语文教育的现代化？我们不得而知。但许多语文教师都知道"字不离词，词不离句，句不离段，段不离篇"的阅读规律，放着好端端的教材（课本）不用，简单借用各种课件和视频进行阅读教学，是否能让学生真正爱上阅读，似乎无法给出答案。

2. 阅读教学的主导作用缺失

在传统的阅读教学中，由于过分强调教师的主导作用，使学生的主体作用得不到充分体现，抑制了学生的个性化发展。而当下的阅读教学则因过分强调尊重赏识学生、过分强调发挥学生作为学习主体的作用，使教师在阅读教学中的主导作用处于缺失状态。在有的阅读教学的课堂上，我们发现，一些教师只管让学生尽情地发表自己的见解，无论学生说得怎么样，教师总是以"好"进行笼统评价或不评价，生怕因不尊重学生的"独特体验"而遭到诟病，以至于学生误认为自己怎么说都是有道理的，只要说出来就是对的。也就是说，阅读教学中教师主导地位的缺失，使得学生的主体地位被过分夸大甚至异化，这不利于学生健康阅读个性的形成。

二、改进小学高年级阅读教学的几点思考

（一）激发阅读兴趣，培养阅读习惯

1. 注意选择适宜的阅读内容

语文教师要根据学生的学段、年级、年龄及心理需求和认知特

点，引导他们选择适合的读物。一般而言，小学高年级学生除了阅读优秀的记叙文、诗歌、散文作品外，还可适当地读一些小说作品、科普作品、简单的议论文和浅易的文言文。这样，便于学生运用自己积累的知识和生活经验读懂作品，学有所获。学生一旦有了阅读的收获，就会找到成功的乐趣，产生更强烈的阅读兴趣。

2. 指导学生开展形式多样的读书活动

要激发学生的阅读兴趣，最理想的方式就是开展一些形式多样的读书活动，创设读书情境，使学生在阅读中成长。比如，课上可采用读一读、说一说、演一演、画一画、唱一唱、比一比等形式，启迪学生的阅读兴趣；或采用现代化的教学手段，让学生欣赏优美的画面，感受美的形象，激发学生的表达欲望，使阅读活动既成为赏心悦目的享受过程，又成为学生自我表现和交流的广阔舞台。课下，可开展读书演讲会、朗读擂台赛、故事会、辩论会、速读竞赛、读书笔记展览等活动，把个体的、小组的、班级的阅读活动有机地结合起来，让学生在丰富多彩的活动中不断提高阅读能力和阅读水平。

3. 关注学生在阅读中的个体差异

阅读是学生的个性化行为，培养学生的个性必须落实学生阅读行为的自主性，阅读行为越自主，阅读过程越能展现和发展学生个性。因此，教师要关注学生在阅读过程中的个性差异，积极对待每个学生，充分肯定每个学生的进步，要敢于让学生拓展自由的空间，倡导学生自由阅读，学生想读什么就读什么，想怎么读就怎么读，教师在这一过程中则要把握好分寸，随机指导。

（二）创设阅读情境，诱发阅读情感

一般而言，只有让学生在课堂上实实在在地感受到民主、宽松、融洽、自由、坦然、愉悦的阅读氛围，学生才能主动地参与到阅读学习过程之中。因此，教师要主动创设民主、自由的阅读情境，全面解放学生，尊重学生，欣赏学生，排除学生的一切心理障碍，让学生在课堂上自主阅读，自由发挥。

1. 充分发挥典型学生的示范带动作用

小学语文课堂要允许多元思维并存，允许认知的分歧和偏向，允许学生出错，维护学生的自尊和读书的热情。要让每个学生都能主动地、平等地、多感官、全方位地参与到阅读过程之中，使每节课都有典型学生出现，每节课都成为展示学生个性和才华的舞台。比如，在上《火烧云》这篇课文时，教师在导读其中"火烧云上来了"这句话时，有一个学生反复读了 6 遍，终于读出了这句话的韵味。老师及时鼓励这个学生反复练习提高的做法，把他树为那堂课阅读学习的典型，要求全班同学向他学习。这样，同学们的朗读热情一下子高涨起来，整节课都兴趣盎然，教学效果颇佳。

2. 积极开展激励性的阅读评价

小学语文阅读教学，一定要重视对学生的激励性评价，[4] 教师要关注每个学生在读书过程中的独特体验和个人感受，某个学生哪怕只有一个句子、一个段落读得较好，教师都要用真诚的语言、赞许的目光给予鼓励，从而有效地调控和评价学生的阅读过程，鼓励其闪光点，使学生心理处于"蠢蠢欲动"和"欲罢不能"的积极状态，始终以愉悦的、高涨的情绪积极投入到阅读学习活动之中。

（三）指导阅读方法，提高阅读能力

1. 加强朗读教学的指导

《义务教育语文课程标准》特别强调要加强朗读指导，要把朗读教学贯穿于各学段的阅读目标之中。因此，教师要组织学生进行多种形式的朗读训练，例如教师声情并茂的示范阅读以及学生的配乐朗读、分角色朗读、欣赏性朗读等；朗读过程中要以情传情、以情激情、以情悟情，使学生在朗读中真正"入景入情"，深入体会文章的内容与意境。

2. 要教给学生多种阅读方法

教，是为了不教。这是语文教育界公认的名言。作为小学语文教师，教的目的是教学生学会学习，让学生通过教师的教，能自主学习，自主获取知识。要实现这一理想的教学目标，教师首先应该教给学生一些必要的阅读方法。比如，目标阅读法。要学生根据学生自己的需要与读物的实际情况确定阅读的目标，不论是理解文章的思想内容、写作特点，还是分析文章的段落层次、学习其遣词造句，都要有明确具体的阅读目标，以目标为导向进行阅读，学会在阅读过程中捕捉、提取与阅读目标有关的材料，及时进行筛选，找到真正切中目标的内容或答案。又如，快速阅读法。要指导学生从文字材料中迅速接收有用的信息，让学生懂得这是一种在注意力高度集中下的积极的、创造性的理解过程；阅读时不出声响，集中精力，加快阅读速度，尽力拓宽浏览的广度，做到一目十行，注意力高度集中，半途不回视，不反复阅读，而是直接从阅读中快速提取需要的信息。再如，写写画画阅读法。这是美国哲学家、教育家阿德勒推崇的阅读法，即阅读主体随着阅读和思考，在书中写写画画，做出各种各样的标记，或者写下自己的随感，使自己真正成为书籍的主人。小学高年级学生尤其适宜采用这种阅读方法，只要持之以恒地多读多思，勤画勤写，一定会取得很好的成效。

当然，阅读方法不仅仅是这些，除此之外，还要引导学生学会默读、诵读、精读、略读、浏览、探究性阅读等多种阅读方法。只有掌握了这些读书方法，学生才能自主选择读书方式和读书伙伴，课上才能根据不同类型的文章按照自己最喜欢的读书方式自主阅读，才会真正领悟文章的情感和内涵。

（四）开展语文实践活动，拓展阅读范围

语文课程具有很强的实践性，阅读能力的提高离不开各种阅读实践活动。因此，小学语文阅读教学，要从课内走向课外，要开放阅读课堂，使阅读教学与课外活动沟通，做到课内打基础、课外求发展。要指导学生努力扩大阅读面，增加阅读量。一是向课外开放。如学习了《我的战友邱少云》后，可让学生收集革命英雄人物的资料，然后为英雄人物建立小档案，内容可自行设计（如姓名、性别、年龄、年代、主要事迹、精神品质等），然后以此为内容举办阅读交流会、欣赏会，使学生的阅读能力在实践中不断发展、不断提高。二是向社会开放。指导学生有意识地收听广播、收看电视、浏览网页等，努力拓展学习渠道，让学生充分利用校内、校外的阅读资源。另外，教师还可引导学生走向社会、走进大自然，开展参观访问、社会调查、登山赋诗等实践活动，让学生在广阔的大自然中尽情地学习，充分享受阅读的乐趣。此外，还要充分发挥学校、社区图书室的作用，指导这些图书室有针对性地向学生开放，给学生提供读书的场所和空间，让学生多读书，读好书，广泛阅读各种类型的读物，这样才能完成小学阶段不少于 100 万字的阅读量，才能真正实现阅读的总目标。

总而言之，阅读教学是小学语文教学的核心内容，提高阅读能力是小学语文教学的重点和难点，需要长期坚持、久久为功才能达成预期的目标。在当下的小学语文高年级的阅读教学实践中，教师要针对某些小学的阅读教学中存在的本末倒置、肢解课文、活动烦琐等现象和问题，以培养学生的阅读习惯为起点，以提升阅读能力为指向和目标，深化语文阅读实践教学改革，不断拓宽阅读教学的内涵，千方百计找准阅读教学的突破点，有效地改进阅读教学的方式方法，切实提高教学质量。

参考文献

［1］中华人民共和国教育部. 义务教育语文课程标准［S］. 北京：北京师范大学出版社，2011.

［2］叶昂龙. 小学教育论文撰写与例举［M］. 宁波：宁波出版社，2004.

［3］李淑芹. 小学语文阅读教学现状及对策［J］. 学科教学探索，2005（4）.

［4］江剑. 雾里看花 水中望月：小学语文阅读教学负面嬗变透视［J］. 教学月刊（小学版），2005（11）.

小学高年级阅读教学提问技巧

阅读提要：阅读教学是小学语文教学的核心部分。在实际的阅读教学实践中，有的老师在提问的内容和方式上，存在一些值得商榷和改进的误区。调查、分析、研究发现，在小学高年级语文的阅读教学中采用分层次提问、间接提问、综合提问等方式实施教学，或许能收到更好的效果。

阅读是小学语文课程中极其重要的内容，阅读教学在小学语文教学中处于核心地位。[1]不仅学生的阅读能力必须通过阅读教学来培养和形成，而且学生的写作能力也有赖于阅读教学来奠定基础。对正处于阅读水平提升的关键阶段的小学高年级学生来说，阅读教学显得更为重要。

《义务教育语文课程标准》总目标的第七条指出，"学生要具有独立阅读能力，注重情感体验，有较丰富的积累，形成良好的语感，学会运用多种阅读方法"。[2]对5～6年级学生的阶段性要求则更具体更明确，要求在阅读中揣摩文章的表达顺序，体会作者的思想感情，初步领悟文章具体的表达方法。在交流和讨论中，敢于提出自己的看法，做出自己的判断。

在此，我们拟以云南省农村小学的语文阅读教学实际为研究对象，结合上文中提出的教学理念和教学目标，对教师在小学高年级的语文阅读教学中如何提问、如何提高提问的技巧等问题做一些初步的研究。

一、充分认识阅读教学中提问的重要意义

首先，提问是阅读教学中不容忽视的必备环节。语文阅读教学是教师、教材（课文）、学生等多要素深度参与、融合共进的复杂活动，[3] 为了达成或实现预期的教学目标，教师必须重视依托教材（课文）提问来推动教学活动顺利发展这一重要环节，要充分发掘阅读提问的价值内涵，针对学生实际科学设计提问的内容及形式。在阅读教学中，只有教师的提问具有针对性、引导性和创新性，才能找到训练、培养学生阅读能力的切入点和着力点。具体地讲，课前教师要先和文本对话，吃透教材；课中，则要针对学生和教学的实际情况，或在备课环节或在教学活动中精心设计问题并巧妙提问，通过师生、生生等多维度的交流互动，使阅读教学富有浓厚的文化意蕴，增添人性的光华。

其次，在阅读教学中恰当设计和使用提问，有利于深化学生对课文内涵的理解。这里所指的比较恰当的提问至少应具备三个要素，即内容科学、形式恰当、提问时机把握得较好。当然，我们这样分要素陈述，并不意味着这三者可以截然分开，单独使用。实际上，在小学语文阅读教学实践中，提问是多要素高度融合的智力活动，师生的情感参与和情感体验在其中发挥着十分重要的作用，忽视了这一特性，就很难使语文阅读教学真正进入一个较高的境界。

最后，注意阅读教学中提问的技巧，能有效提高阅读教学质量。从某种程度上讲，这需要教师在课前、课中、课后的整个教学过程

中进行系统甚至是艺术化的准备和设计。也就是说，教师除了常规的备课之外，还要从提问艺术的角度统筹思考，即如何通过巧妙提问引导学生学会阅读，如何通过巧妙提问引导学生理解重点难点，如何通过巧妙提问有效提升阅读教学质量。如果这些问题处理得比较好，必然会推进学生阅读能力和阅读水平的持续提升。

二、统筹谋划、合理设计阅读教学中的提问内容和提问形式

（一）善于抓住契机提问

一般而言，学生对每篇课文的学习，不是一开始就会充满兴趣。因此，教师是否善于抓住各种契机提问，从而引导学生积极学习，就显得十分重要。例如，教学《死海不死》一文时，可以抓住学生的好奇心较强这一特点，这样设计提问：请同学们浏览课文后首先认真思考，课文标题中的两个"死"具体是什么意思？然后，再进一步自我追问"死"与"不死"矛盾吗？最后思考文末为什么说"死海"真的"死"了？这几个连贯式的提问，势必能激发学生对课文的极大兴趣，从而引导他们去研读课文，寻找答案。

（二）善于把直接提问转变为间接提问

在阅读教学中，尤其是在课堂上，教师如果只是一味地直来直去地提问，启发性、趣味性必然不强，久而久之，学生对这样的提问会感到索然无味，阅读教学就会走入为提问而提问的误区。我们建议，语文教师在阅读教学实践活动中要努力把直接提问转变为间接提问，用这种方式促使学生开动脑筋深入思考，让他们必须"跳

一跳"才能找到答案。例如，教学《老山界》一文时，教师可以这样提问：请同学们分析红军战士在第二天吃早饭时"抢了一碗就吃"这句话中"抢"字这样用有什么好处？如果学生一下子难以理解，教师可以换个角度继续提问："抢"字是否说明红军战士不遵守纪律呢？当学生给出否定回答或犹豫不决时，教师进一步启发学生：问题的关键是"抢"在这里（上下文中）该如何理解？至此，教师采用的间接提问方式必然会引导学生深入思考问题，从而达成教学目标。

（三）善于进行分层次提问

要实现一篇课文的教学目标，单靠设计两三个提问是远远不够的。它需要教学实施者综合考虑教学要求、学生实际、文本特点等因素，通过精心谋划或集体备课，科学合理地设计出一组或几组系统化的问题，并善于在教学中分层次、分步骤地进行提问，这样才能实现教学意图。在实际操作中，教师应吃透课文内容，深入分析学生的实际水平，把较难掌握的问题分解成容易理解的问题，或者把一个大问题分解成一组小问题，层层深入，一环扣一环地提问，循序渐进地引导学生的思维不断向纵深发展。例如，教学《少年闰土》这篇课文时，教师可以先这样提问："少年时的闰土具有哪些特征？"这个问题学生很容易回答（紫色的圆脸，红而圆实的手，说话滔滔不绝，说的都是海边无穷无尽的稀奇事）然后教师进一步提问："闰土生活在怎样的社会环境之中？"（学生引用原文回答）教师再接着提问："请同学们想一想，是什么原因造成闰土今天这个样的呢？"学生由于有了前面的问题做铺垫，一般都能不费劲地找到答案。这样分层设计和进行提问，由易到难，环环相扣，有利于引导学生掌握课文的重点难点，有利于提升阅读教学的内涵。

（四）善于灵活运用各种提问方式

从根本上讲，在阅读教学实践中，任何教师都不可能只用某种单一的方式进行提问，所有提问方法的运用都应该是系统的、综合的、灵活的，只有这样才能合理推进教学，提高授课效率。

例如，在教学《跳水》这篇课文时，某位语文教师提了这样一些问题：课文中船长的儿子是因为什么上到了桅杆上的？到底发生了什么事？船员们是怎样在船长的指挥下用什么样的方法救下小孩的？从这一次事件中看，这个小孩的这种做法对吗？船长在救孩子时，哪些做法是值得我们学习的？仔细推敲就会发现，这位教师提出的上述五个问题，其中前三个问题学生不需要动太多的脑筋，只要读读课文就能很轻易地在课文中直接找出答案，问题的引导性、启发性及其价值性追求都不强。第四个问题仅是问"这个小孩的这种做法对吗"，这是属于是非判断题，学生只需回答"对"或"不对"即可。第五个问题虽然可以引导学生思考"船长的哪些做法值得我们学习"，但这样的提问似乎缺少了语文阅读课的提问应有的内涵，没有突出语文课的色彩。显然，上述提问方式对提高学生的阅读能力帮助不大，长此以往学生只会就事论事地死读书、读死书，很难学到真正的读书方法。

我们在中小学随机听课时发现，另一位语文教师在教学《跳水》一文时，首先向学生明确指出，"同学们，课文贵在自己阅读，要通过阅读去发现问题、解决问题，这样才能锻炼自己，提高自己的阅读能力。今天我们比比看，我们班上的同学认真阅读课文后，谁能提出更多有价值的问题，谁能深入理解同学和自己提出的问题。"然后，要求学生仔细阅读课文，攻克生字生词，勾画出关键内容，结合课后的练习仔细思考，尽可能多地提出自己认为有价值的问题。

结果，学生热情高涨，按要求阅读完课文后就争先恐后地提出问题。同学们提出的主要是这样一些问题："跳水的原因是什么？谁跳水？为什么要跳水？在怎样的情况下跳水？当船长看到儿子站在横木上时，他是怎样做的？跳水的结果怎样？通过学习《跳水》这篇课文我们领悟到了哪些写作方法？这对我们今后的语文学习有怎样的启示？"显然，学生提出的这些问题几乎涵盖了整篇课文的主要内容，具有很明显的引导价值和启发价值，问题的语文色彩也非常浓厚。上课的老师把学生提出的前几个问题书写在黑板上（目的是让学生明确阅读目标），组织学生讨论、交流，让他们自主回答完成。最后两个问题是学习这篇课文必须掌握的重点和难点，这位语文老师没有让学生直接回答，而是抓住学习契机，巧妙地利用学生提出的问题，分层次、有步骤地进一步细化问题的设计，精心组织教学。主要教学情景如下。

师：我们认为，船长的做法不一定行得通，因为课文图上画的横木，它并不在船的边上，如果孩子跳下去，没有跳到水里，而是跳到了甲板上，那么不摔死也得摔成重伤。请同学们开动脑筋，认真思考，然后谈谈自己的看法。

生1：老师说得对呀，那个孩子又没有经过跳水训练，怎么能保证他一定会跳到水里呢？

生2：我也看了图，横木和船之间还有许多条绳索连接，万一孩子挂在绳子上，也挺危险的。

生3：即使孩子跳到了水里，可如果正好遇到鲨鱼怎么办？

生3：如果孩子吓坏了，不敢往下跳，船长真的会开枪吗？

师：这几位同学的问题和说法很有道理。请同学们再想一想，如果你们遇到当时的情况会怎么做呢？

生1：我会让一个水手也爬上去，把孩子救下来。

生2：这行不通，横木能承受两个人的重量吗？如果断了，孩子救不了，水手性命也难保呀！

生3：我会赶快拿被子、垫子铺在甲板上，万一孩子掉下来，顶多受一点伤。

生4：可船上哪里有那么多的东西用来铺在甲板上呢？即使铺了，横木那么高，能起多少作用呢？

生5：我们可以说服、鼓励孩子自己从横木上滑下来，这样最安全了。

……

师：大家想了这么多办法，但最好的办法只有一种。我们现在再想一想，船长的办法是不是最好的选择？更重要的是，请同学们认真思考，作者为什么要这样写？通过学习《跳水》这篇课文，我们领悟到了哪些写作方法？这对我们今后学习语文有什么启示？

生1：我觉得船长的办法费时少，虽然有危险，却是最好的选择。

生2：作者这样写能抓住我们的心。"跳水"这个办法虽然是冒险之举，但写得惊心动魄，有的地方写得很细，让人连气都来不及喘一口。

生3：学了这篇课文，我觉得领悟到了方法，写作文要能吸引人，要能一下子抓住读者的心。

生4：我们今后学习语文时，要反复阅读课文，主动提问，主动思考，争取学到更多的东西。

师：（进一步启发学生思考）在孩子千钧一发之际，其他人都束手无策，船长却临危不乱，急中生智，当机立断，成功地救了孩子，令人敬佩。作者对事件过程的叙述一波三折，既注重描写细节，又注意烘托当时的环境，让人读后击节赞叹，欲罢不能，很值得我们学习借鉴。

在这个阅读教学片段中，授课教师首先鼓励学生自主提出问题，然后引导他们通过仔细阅读课文自己解决问题，最终较好地实现了这篇课文的教学目标，这种做法值得肯定。

学完这篇课文后，学生也许会进一步认识和领会到"船长"这一形象的丰富内涵（经验丰富，具有应付航行中各种复杂情况的经验，临危不乱，当机立断，总能给人带来希望），同时可能会从中学到描写人物形象的一些基本方法。

表面上，这节阅读课充满了争论，似乎很不成功。实际上，在上文中展示的这个阅读教学片段中，教师成功地抓住了学生的好奇心、求知欲，充分激发了学生阅读的自主意识和探究意识，一方面培养了学生主动探究、团结合作、勇于求知的精神；另一方面训练了学生的思维能力和表达能力，激发了学生的想象欲望和创造潜能，充分体现了学生是学习和发展的主体这一理念，是一个成功的案例。

教学同样的课（《跳水》），上文中提到的第一位教师设计的问题启发性不大，学生只能被动地跟着老师提的问题走，没有独立思考问题的空间，收获也不大。第二位教师却能因势利导地利用各种契机，恰如其分地引导学生设计出很有启发价值的问题，给学生提供了自由思考的空间，也给他们创设了发表言论的机会，学生收获颇多。比较两位老师的阅读教学方法不难发现，提问设计的好坏，提问方式的取舍，对语文阅读教学具有举足轻重的作用。

总之，阅读教学是小学语文教学的核心内容，在实际的阅读教学实践中，教师提问设计的好坏，关系着一节课的优劣成败，关系着教师能否成功地引导学生发现问题、思考问题并最终解决问题，关系着学生的思维发展和阅读能力的提升，应该引起我们的足够重视。或许，充分认识阅读教学中提问的重要意义，有意识地抛弃或改进小学高年级语文阅读教学实践中某些不恰当的做法，真正以新课程理念为指导，统筹谋划、合理设计阅读教学中的提问内容和提问形式，并实实在在地落实到每一堂课的教学之中，是每一个语文老师都需要长期坚持做好的功课。

参考文献

[1] 倪文锦. 小学语文新课程教学法 [M]. 北京：高等教育出版社，2003.

[2] 夏家发. 小学语文课程标准与教材分析 [M]. 北京：科学出版社，2012.

[3] 钟启泉，汪霞，王文静. 课程与教学论 [M]. 上海：华东师范大学出版社，2008.

浅谈小学语文阅读教学中的小组合作学习

阅读提要：小组合作学习是以团体智慧来解决问题的一种互助性学习方式，是《义务教育语文课程标准》倡导的主要学习方式之一。它体现着新课程改革中学习方式变革的追求，其目的是促使学生更好地发展。在阅读教学中科学有序地组织实施小组合作学习，能明显提高课堂教学的效率，有利于提高阅读教学的质量，有利于培养学生的阅读能力。

随着社会文明程度和科技水平的不断提升，越来越多的工作需要人们以团结合作的方式来完成。基于此，进入 21 世纪以来的人才培养研究，非常注重团结协作的意识讨论以及合作意识的培养和探究。

就当前的情况而言，合作意识的培养面临着许多困难。比如，一些独生子女因为从小在家庭中缺少地位相等的合作伙伴，缺乏合作意识的养成环境，缺乏合作参与的生活化训练，不易理解别人，也不太善于跟其他人合作。还有，一度我们过分强调培养少年儿童的自主意识、独立个性，一定程度上弱化了合作意识的教育和培养。从小学语文阅读教学的实际看，在一些学校的课堂教学中，师生互动较少，部分尖子生被教师视为宠儿，是学习过程中的绝对"主角"，而大部分学生在学习过程中仅处于"配角"的位置。显然，这种"主角"和"配角"胡乱搭配的学习组合方式，不利于语文阅读教学质量的提升，必须有所变革。

实际上，早在 21 世纪初，我国就在战略层面对培养学生的合作学习能力提出了明确的要求。《国务院关于基础教育改革与发展的决定》（国发〔2001〕21 号文件）强调，中小学教育教学"要鼓励合作学习，促进学生之间的相互交流、共同发展，促进师生教学相长"。教育部发布的《义务教育语文课程标准》明确指出，现代社会要求公民具备良好的人文素养和科学素养，具备创新精神，合作意识和开放的视野，具备包括阅读理解与表达交流在内的多方面的基本能力，以及运用现代技术搜集和处理信息的能力。[1]王晓辉等学者主编的《新课程：语文教育怎样改革》则对上述论断和理念做了更具体的阐述："合作学习指示了一种精神，一种教育的理念，一种对人的素养的要求。"从教学策略的角度说，教师与学生的合作，意味着真正的在"情境中共存"。[2]

也就是说，在小学语文阅读教学领域，教师如果要做出一项真正符合国家战略要求和现实实践需要的教育变革选择，那么合作及合作学习应该成为排在前列的选项。近十几年来，合作学习在教育界被视为最重要和最成功的教学改革，并非偶然。下面，我们以特定区域（云南省）的农村小学语文阅读教学为观察和研究对象，对语文阅读教学中的小组合作学习这一核心话题，进行一些讨论，期望达成抛砖引玉的效果。

一、合作学习及小组合作学习的内涵

从发展历程上看，合作学习在 20 世纪 70 年代初兴起于美国，随后在 20 世纪后 30 年获得实质性发展，成为一种教学理论与策略体系。因为它在改善课堂气氛、大面积提高学生的学业成绩、促进学生非智力品质的良好发展等方面实效显著，所以很快就受到世界各国的普遍关注，成为一种主流化的教学理论和教学策略。

概言之，合作学习的学科理论基础是现代社会心理学、教育社会学、认知心理学、现代教育教学技术学、学科教学法等；它的基本指向和追求是充分开发和利用课堂中人的关系。从本质上讲，合作学习是一系列教学活动的统一体，它具有丰富的创作内涵：以目标设计为先导，以全员互助合作为基本动力，以班级授课为前导结构，以小组活动为基本教学形式，以团体成绩为评价标准，以标准参照评价为基本手段，以全面提高学生的学业成绩和改善班级内部的社会心理气氛、形成学生良好的心理品质和社会技能为根本目标，以短时、高效、低耗、愉快为基本品质，等等。

合作学习的形式很多，其中小组合作学习是最重要的合作学习形式之一。它是指以"小组"为单位的"合作性"学习，是一种以群体智慧解决问题的互助性学习方式，往往被视为最常用也是最有效的合作学习形式。具体地讲，所谓的小组合作学习，就是将学生个体间的差异当作一种不可忽视的教学资源，从而通过资源的交互利用及互相启发来实现学习目标。

小组合作学习的倡导者强调，在教学活动中，教师主要应充当"导演"（教的主体），学生则要当好"演员"（学的主体）。整个教学活动要巧妙地运用师生之间、生生之间、小组之间的频繁互动，达成教学目标，提高教学质量。在小组合作学习活动中，教师与学生之间的关系，由传统的"权威—服从"关系，变成了"指导—参与"的关系，[3]教师不再把自己视为绝对主体，而是变成了一个合作者，要充分尊重学生的主体地位，努力激发学生的潜能，把教师的"导"视为前提，把学生的"演"作为主体，把课堂时间最大限度地还给学生，让他们相互磋商，彼此分享，形成一种互相依赖、密不可分的学习关系，从而促进整个教学过程的顺利发展。也就是说，小组合作学习活动要使教学过程真正建立在学生自主学习的基础上，把学生的个性探索与小组的合作探索有机地结合起来，全面调动每一个学生的学习积极性，促进学生主体意识、创造精神、实践能力、合作意识及交往品质等多方面素质的协调发展，使学生的主体作用真正得到充分发挥，促使他们由学会共同学习向学会共同生活、共同工作等更广阔的领域发展。

二、小组合作学习的重要意义

第一，小组合作学习是一种极有价值的教学策略和教学体系。如果说合作学习是一种学习理论，一种学习方式，那么小组合作学习就是合作学习的一种具体的组织形式，不论师生互动、同桌交流，还是全班讨论、书信往来、线上交流等都是小组合作学习的形式之一，都是现代社会中最常用、最有效的教学和学习手段，都具有不容忽视的独特价值。这应该成为每一位小学语文教师的共识。

第二，小组合作学习主张把大量的课堂时间留给学生，使他们有机会进行互相切磋，从而实现共同提高的目标，符合教育教学改革的现实需要。进入 21 世纪以来，小组合作学习的研究和实践一直是专家学者与广大教师关注的热点问题之一，目前已日渐发展成为一个比较完备的体系，产生了许多有效的教学方式。[4]这种方式能使学生同伴群体的资源得到充分重视与开发，形成利益共同体和命运共同体，依靠目标、角色、任务、内容、结果等方面的相互依赖，更好地完成教学及学习任务。

第三，小组合作学习是落实国家关于深化教育改革、实施素质教育战略要求的主要抓手。《中共中央国务院关于深化教育改革，全面推进素质教育的决定》明确指出，要"重视培养学生收集处理信息的能力、获取新知识的能力、分析和解决问题的能力、语言文字表达能力以及团结协作和社会活动的能力"。《义务教育语文课程标准》在正确把握语文教育的特点上强调，语文是实践性很强的课程，应着重培养学生的语文实践能力和实际运用能力。而培养这种能力就需要学生在课堂上主动积极地把老师所讲的内容转成自己的东西，并能在语文实践中灵活运用。小组合作学习就给学生提供了这样一种达成目标的平台、载体和检验方式，值得大范围推广运用。

作为身处小学语文教育最前线的教师，不但要认真学习掌握小组合作的基本理念和方式方法，而且要在不同年级、不同班级积极进行小组合作学习的教学实践探究，真正把小组合作学习的理念具体化、实践化，从而大面积提升小学语文教育尤其是农村小学语文教育的教学质量。

第四，小组合作学习方法的运用与小学语文阅读教学的关系十分密切，是提高小学语文阅读教学质量的必选方法。作为小学语文教学的主体，阅读教学具有举足轻重的地位，如果教师继续沿用传统的以情节分析为中心的课堂教学模式，而不主动改进教学方式，必然难以适应语文教学发展的要求。现代社会要求公民具备良好的人文素养和科学素养，具备创新精神、合作意识和开放的视野，具备包括阅读理解与表达交流在内的多方面的基本能力。语文课程的学习是达成或者实现这些目标的主要支撑，教师要紧紧围绕语文教学的核心目标，充分利用课堂这一实施素质教育的主战场，培养学生的合作学习能力和创新精神。要从鼓励自主学习、激发学生学习的内生动力入手，把课堂还给学生，引导学生在读书的基础上深入思考、展开讨论、积极交流，善于以小组合作学习的方式发现问题、研究问题、解决问题。或许，这是提高小学语文阅读教学质量必须选择和使用的首要方式和方法。

三、小组合作学习的要素及基本做法

（一）小组合作学习的要素

从理论上讲，小组合作学习是整个教学活动的一个重要方面，它至少应包括七个要素。[5]如果这些要素在阅读教学实践中贯彻到位，必然会对提高阅读教学质量产生积极的影响。

第一个要素是小组合作要求。在进行合作学习之前，教师应充分考虑和设计小组合作学习的要求并对学生讲明要求的内涵。一般应强调五个要点：一是学习过程中只与同组成员交谈，只谈与合作学习内容有关的问题；二是学习小组中的每个成员都要周到、耐心而又和蔼地对待、包容同组成员；三是学习小组中的每个成员都要努力做一个积极向上的参与者；四是要学会以礼貌、恰当的方式向他人求助或为他人提供帮助，确保合作小组的所有成员都实现学习目标；五是学习小组中的每个成员都要参与讨论并成为一个良好的倾听者。

第二个要素是小组结构形式。小组的结构形式及其小组成员的参与程度，将会直接影响合作学习的效果。据有关资料统计，小组结构形式大概有十多种。不过，在实际的教学实践中，因为受到时间和空间的限制，也因为受到学生生理及心理发育程度及班级授课制的教学组织形式等因素的制约，不能采用太多的小组结构形式，也不宜经常更换学生已经认同和熟悉的小组合作结构形式，否则会影响正常的教学秩序。大多数教师的教学实践表明，采用两人或四人小组的合作结构形式，更便于学生合作学习，也更能取得预期的成效。

第三个要素是构建奖励机制。为了使学习责任落实到小组中的每个成员，教师尤其要注意，必须构建一种将小组合作学习中每个成员成绩的总和作为小组与小组之间的评价、考核及奖励标准的机制。为了确保制定的奖励机制对学生产生足够的吸引力，教师要根据学生的心理年龄特点和喜好倾向，制定具有可操作性的奖励形式。这种奖励形式不仅包括物质的（如奖励铅笔、笔记本等学习用品），而且更多的奖励应是精神的（如流动红旗、奖状及担任值日生、做升旗手等），有的奖励还应有一定的趣味性（比如小组游戏、唱歌、舞蹈等）。

第四个要素是目标设置适当。一般而言，不同的教学安排将使孩子们达到或实现不同的学习目标，教师必须根据所面对学生的实际情况，确定或设置合适的小组学习目标，并严格按照设置的目标来组织实施教学，以促进目标的达成和学生的发展。

第五个要素是小组成员构成合理。在教学实践中，如果学生的具体情况没有很突出的差异，可以采用自由组合等方式完成小组成员的构建；假如学生之间的差别比较明显，一般可以进行这样的分组，两人组的构成是"中等生＋中等生"或"优等生＋绩差生"；四人学习小组如果是一横排就座，则可让"绩差生＋绩优生"坐在中间，中等生坐在两边；如果是前后桌搭配组合，则可让前面的两个中等生和后面的一个"绩差生"、一个"绩优生"合成一个四人学习小组。

第六个要素是时间保证。小组的学习时间应该按这样的方式安排：学生自学并产生见解的时间大致占三分之一，小组成员在小组中陈述自己见解的时间大致占三分之一，小组成员之间讨论并形成代表性意见的时间大致占三分之一。当然，教师也可以根据实际的教学情况灵活调整和安排。

第七个要素是教师的主导作用。需要注意的是，小组合作学习不但不能弱化教师的主导作用，相反对教师如何在教学过程中充分发挥作用有更高的要求；只有教师的主导作用得到突出的体现，才能组织学生围绕明确的学习目标进行合作学习，也才能避免合作的随意性，保证小组合作学习了高效进行。

（二）小组合作学习的基本做法

在教学实践中，针对小学生活泼好动、善于表现、乐观向上的特点，我们可以从理想化的角度，对小组合作学习的基本做法做一些初步探究。

1. 合作学习生字

在课堂教学中，当教完某一课的生字后，教师可以让同学们两人一组进行合作练习，重点检测对刚学习的生字的掌握情况，学生之间互相帮助，一人来解释或发表见解，另一个人负责检查或纠正。然后开始合作听写，一人读生字，另一人听写，在规定的时间中两人互换角色，最后再互相修改并及时订正。

2. 合作学习词语

这种合作方式主要用来学习掌握生词或扩大词语的学习范围，比如寻找词语的近义词、反义词或用规定的词语造句等。人教版小学语文第八册基础训练部分有一道题，其中一个小题要求写出"安静"这个词的同义词和近义词。假设教师单独请某些学生直接举手回答，通常一个学生一般只能说出两三个同义词；如果让学生采用四人小组合作学习的方法进行讨论，最多的小组可能会想出十多个"安静"这个词的同义词和近义词，甚至会说出"沉静、幽静、静谧"等孩子们相对较为陌生的词汇。

3. 合作进行朗读

教师在指导学生朗读课文的时候，应根据课文的特点来确定合作学习的形式和方法。对于对话式的课文，比如《陶罐和铁罐》，可先让学生在小组中分角色练习，然后再选择部分小组在全班同学面前表演陶罐和铁罐的对话。对于非对话式的课文，最好是两个一组合作进行朗读，如一个认真朗读，一个仔细倾听，一旦发现对方有读错的字词或停顿、语调等方面的失误，及时提醒或纠正；然后再互换角色，反复朗读练习，最终达到互相帮助、共同提高的目的。若要检测学生背诵课文的情况，也可先通过小组之间互相检查，然后再由老师来核准或认定。

4. 合作解决问题

在教学过程中，老师会根据情况随时提出一些问题，有的问题可以直接请学生回答，有的问题却需要组织学生通过合作学习来完成。教师通常是在深入了解教材的重点和难点之后，针对教学实践中学生反馈出来的情况来设计提问，这些问题一般都具有很强的针对性和进行深入探讨的价值，能极大地引起学生的合作探究兴趣。[6]在具体实施的过程中，问题的提出可以从五个方面考虑。一是围绕文中的重点句提问，课文中的重点句子一般都具有丰富的内涵，有利于引导学生以合作的方式进行深入的探究，从而加深对课文的理解。二是围绕教学目标提问，例如在讲授《她是我的朋友》这篇课文时，教师可设计"小男孩是怎样输血的，他为什么要输血"等综合性的问题，让同学们通过小组合作学习的方式来解决问题，这比单纯由个人思考要有效得多。三是围绕课文的结构提问，例如怎样从整体上把握文章的结构、怎样给文章划分段落、怎样理解课文的结构特点等。三是围绕激发思维的创新来提问，例如在学习《西门豹》这篇课文的过程中，教师可设计"西门豹是怎样将计就计惩治巫婆和官绅的"这样的问题，也可以提出"除了这种方法，你能不能想到其他更好的办法"等问题，同学们如果通过合作分析，觉得还是西门豹的方法好，就会对西门豹的聪明机智有更深入的认识及理解。五是围绕学生的质疑提问，例如在《春晓》这首诗的教学中，有同学提出问题说，诗中既然写了诗人"春眠不觉晓"，他怎么又能"处处闻啼鸟"呢？难道他在梦游吗？针对这样的质疑，教师可以因势利导，提出更有针对性的问题，然后让学生通过小组合作学习，充分发挥想象，寻找不同的答案。

5. 合作完成习作

这主要是指教师在进行作文教学的过程中，针对作文题目的要求，让学生通过合作认真审题，然后再根据要求进行口头作文的合作训练。比如，"难忘的夏天"这个习作题目，教师可以让学生轻声阅读题目，然后在小组间进行讨论，再由小组派代表发言，老师通过总结各个小组代表的发言，提出本次作文的写作思路及写作要求。如故事发生的时间（某一个夏天），故事的主要过程或难忘的夏天的细节；然后教师再提出习作的六步走写作要求：一想、二说、三写、四读、五改、六抄。同学们明白了作文的要求之后，就可以在自己的头脑中认真构思，如果觉得想清楚了，就在小组间由一人先说，其他三个同学认真听，并对那个同学"说"的情况进行评论，接下来再互换角色，直到最后完成习作。

四、阅读教学中小组合作学习的实施技巧

（一）善于营造共同质疑答疑的学习氛围

学习贵在质疑，有疑问才会有强烈的求知动力。对学生而言，有小疑问会获得小进步，有大疑问则会获得大收获。教师要积极引导学生质疑，鼓励学生敢想敢问，会质疑，善质疑，重视培养学生的质疑意识和质疑能力，激发学生自主探索的兴趣。在具体的小学语文阅读教学实践中，教师要从指导学生预习课文开始，就积极营造共同质疑的自主学习氛围，引导学生善于从阅读课文的过程中发现问题、提出问题，这是深入把握和理解课文内容的关键。比如，在预习阶段，教师要教会学生基本的预习方法，初读课文时要按"导读"的提示进行自学，再读课文时要划出重点、难点词句，然后再让学生找出不理解的内容，把它当作疑问写下来，再把这些疑问拿到小组中展示、探究或解答，这样学生之间交叉吸引，或质疑或答疑，就会营造出良好的学习氛围。例如，教学《白杨树》这篇课文时，当学生提出"在茫茫无边、荒无人烟的戈壁上为什么还能长出这么挺直这么高大的白杨树"等问题时，教师可以先把这些问题放在小组里酝酿讨论，让学生自由质疑或答疑，使教师在课堂教学中由一味"包场"变为主动担任"导演"，使学生变被动为主动，轻松愉快地学习。

再比如，教学《小音乐家杨科》这篇课文时，在阅读完课文的结尾之后，学生往往会提出这些疑问：小音乐家杨科死时为什么还想着树皮做的小提琴？他死了之后为什么还睁着眼睛？杨科前面说过，只要有一把小提琴，用他的一切去交换都行，怎么会死不瞑目

呢？小音乐家杨科快要死了，为什么还要写燕子在唱歌、姑娘们在唱歌呢？教师可以大胆地让学生自己读课文解决自己提出的这些问题，引导他们互相讨论、自由交流、自主探索。这种做法可以真正实现以学生不断提出问题为阅读教学的开始、以学生锲而不舍地解决问题作为教学的最后归宿的目标，产生较好的教学效果。

（二）善于设置学习目标并激发学生主动参与完成

一般而言，在学习每一篇课文之前，教师都要把学习目标清晰地展示在学生面前，让学生做到心中有数，明确自己努力的方向，这样他们就能主动开展自主性、探索性学习。同时，教师还应引导学生在总的学习目标之下自主确立各个小组的具体学习目标，使每一个成员都有自己的学习任务。例如，教学《穷人》这篇课文时，教师在导入新课时可以说："昨天同学们预习了《穷人》这篇课文，相信大家都有许多感受，谁愿意把自己的最深感受说给大家听听?"学生在小组讨论的基础上，分别回答"桑娜的品质可贵，宁可自己吃苦也要帮助别人"，"作者对人物心理活动的描写特别精彩"等。教师可以进一步顺势引说，"那就请同学们想想，通过这篇课文你最想学习些什么? 你想用什么办法学习?"然后让各个小组联系自己的感受，写下学习目标并在小组进行讨论。这样全班同学的学习积极性就被调动起来了。

（三）善于引导学生自读感悟和讨论交流

阅读，没有学生的独立感悟是完全不可想象的。所谓自读感悟，就是让学生去独立学习、独立思考、独立发现和感悟。[7]而在独立学习的基础上，教师要引导学生以小组协作学习的方式，通过伙伴的交互作用，针对相关内容的理解及建构展开交流和讨论。对小学生来说，合作学习并互相讨论交流是非常重要的认知方法。如果说独学无友，收获有限，那么集体交流则会互相影响、共同提高。教师可以先归纳学生提出的问题，再将问题交给学习小组讨论交流、共同解疑。在这一过程中，教师要深入各组参与讨论并做必要的引导和点拨，使学生的读和议有机地结合起来，激励学生通过反复阅读课文解决难点问题。例如，在教学《詹天佑》一文时，可以先让学生通过自己读书独立感悟詹天佑的爱国精神和杰出才华，然后再让各小组自行选择确定《詹天佑》这篇课文的某个方面的内容进行合作学习，讨论交流，以便真正发挥学生的主体作用。

（四）善于运用激励等评价手段激发学生的自信心

在阅读教学过程中，教师如果多采用一些赞赏性、激励性的评价方式，不仅有利于激发学生积极主动地学习和钻研课文，而且能增进师生之间的交流情感，营造宽松和谐的学习氛围，对树立学生的学习自信心也很有帮助。需要注意的是，教师的评价语言要有血有肉，要具有很强的针对性，力戒空泛。例如，对小组学习的评价，要避免使用"很好、不错、很棒"这类笼统的评价用语，而是应根据学生及小组的实际表现，实事求是对各小组回答问题的情况具体鼓励、引导和点拨。要使评价本身充分体现学生的主体地位，通过评价使学生学会分析自己的成绩与不足，明确努力的方向。教师要追求让每个学生都进步的教学境界，注重对形成性成果的评价，使学生有获得感、成就感，增强自信心。

（五）善于针对不同的课文实施小组阅读教学

首先，要把精读课文中的小组合作学习落实到位。小学语文教材中的课文一般分为精读课文与略读课文两类。精读课文是教材的主体和进行语文基本功训练的主要凭借。这类课文的教学，一方面要注意激发学生的积极性和主动性，引导学生进行合作学习、探究学习；另一方面要充分发挥教师的主导作用，在学生独立思考的基础上通过教师的指导，围绕重点开展讨论和交流，鼓励学生发表不同的见解，让学生在阅读的实践中，逐步学会学习、学会读书。

在传统的教学观念中，精读课文就是老师从头讲到尾，总是害怕学生不懂，一点一滴都不放过，满堂灌；一节课下来，老师讲得筋疲力尽，学生学得迷迷糊糊，效果可想而知。新的教学理念倡导小组合作学习后，教师在教学中可放开手脚，大胆进行尝试。在合作学习中，除了创造良好的合作学习氛围之外，教师还可运用直观、形象的多媒体来辅助教学。例如，教学《只有一个地球》这篇课文时，教师可以运用多媒体先让学生欣赏奥妙无穷的宇宙图像，激发学生探索宇宙的欲望，再进行课文的教学。也可以要求学生先熟读课文，再提出自己不懂的问题，并通过自读自悟的方式尝试自行解决问题。还有的老师抓住课文的重点、难点组织学生开展小组合作学习。例如，在教学人教版第九册《我的伯父鲁迅先生》这篇课文时，在学生熟读课文的基础上，有的老师会留给学生一定的时间，让他们集中精力思考自己不懂的问题，然后再通过小组合作的方式来研究解决比较棘手的问题。比如，课文中伯父说的话："哈哈！还是我的记性好。""四周围黑洞洞的，还不容易碰壁吗？"等重点词句，可让各学习小组的组长来组织学习，组员有秩序地发表自己的意见和建议，其他成员认真倾听，边听边分析，边听边归纳整理，记录员详细做好记录，这样的交流、讨论、反思方式有利于突破教材的难点，使学生的学习能力得到提高。小组合作学习结束后，教师还可以再往前促进一下，进一步组织学生在全班进行分享和交流，每组选出一名代表发言，其余学生认真倾听、反思，教师及时给予适当的指导，从而提高学习的实效。

其次，要善于组织略读课文的小组合作学习。略读课文一般内容比较简单，文字比较浅显，易于引起学生的阅读兴趣，适于学生独立阅读和理解。教师要善于指导学生把在精读课文中学到的读书方法运用到略读课文的学习中，放手让学生自主学习。要围绕所学课文的重点、难点，巧妙借助教材中的"阅读提示"，引导学生自主阅读、独立思考、合作讨论。切忌逐段讲读，把略读课文当作精读课文来教。

要鼓励学生采用适合自己的方法自主进行学习，通过略读课文的学习，逐步提高自我的自学能力和阅读水平。在实际的教学中，有的老师会认为，略读课文浅显易懂，没有必要进行小组合作学习。这是一种错误的观点，与此相反，略读课文更有利于开展小组合作学习。关键还是要激发学生的学习兴趣，使其产生合作学习的强烈欲望，主动学习、探究。也就是说，教师可以大胆地放手让学生自主进行小组合作学习，成员一般由 5~7 人组成，要求每个小组中成员都有具体的任务（教师、记录员、发言人、评论员等），还可以规定，每个小组成员都必须担当一次"教师"角色。例如，教学人教版小学语文第九册《高粱情》这篇略读课文时，可以先让学生自由组成学习小组，再进行合作学习；各组可确定一位"小先生"，由他带领大家学习，其他角色可由学生自己选择。除非出现特殊情况，教师一般不干涉各小组的学习。当小组合作学习接近尾声时，教师可组织各小组派代表进行交流（如高粱有什么特征？高粱根有什么作用？我们为什么要学习《高粱情》这篇课文等），教师则给予帮助或指点。每个学习小组既可以交流自己的学习方法，解决了那些问题，还有什么问题没有解决，又可以对问题进行相互补充、相互完善。还可以交流通过合作学习学会倾听、学会尊重别人、学会与人合作等方面的感受。

五、几点回顾和思考

第一，21 世纪的竞争虽然更加激烈，但人际间的高度合作已成为一种重要的趋势。小组合作学习在培养人才的合作意识、合作精神、合作能力等方面，能够发挥其他教学模式不可比拟的作用，有利于促使学生提高学习兴趣、积极自主学习，有利于培养学生发现问题、获取信息、交流表达及组织管理等多方面的能力，有利于塑造团结协作、勇于探究的人格。

第二，小组合作学习对于激发学生的学习积极性、培养学生良好的意志品质及阅读习惯等具有重要的促进作用，在具体的教学过程中，教师要充分发挥小组合作学习的教学优势，让它更好地服务于阅读教学。

第三，大量的教学实践表明，小组合作学习的效果是非常明显的。首先是课堂上同学们得到表现的机会增多了，另外就是同学们觉得面对老师时不再胆怯拘谨了，能在小组中充分发挥自己的才能。从另一个角度来说，小组合作学习不仅减轻了教师的负担，同时也提高了学生学习的积极性和参与度，它能使学生的思维得到碰撞，能扩大学生的阅读信息接收量，激发学生迸发出思维的火花，创造性地解决问题；学生在小组合作学习的过程中也深刻地体会到集体的力量，增强合作意识，这对培养团队精神及激励他们参与未来竞争将起到不可估量的作用。

第四，小组合作学习是一种新的教学组织形式，也是一种新的阅读尝试，教师要善于把合作学习变成学生的自觉行为，但不能把合作学习当成一种时髦的东西去简单效仿，如果仅仅追求表面的形式化的小组合作学习，就完全失去了合作学习的意义。还有，合作学习在形式和方法上要多样化，不应拘泥于小组合作的某种单一形式，在组与组之间的合作方式上，在学习方法的运用上，应灵活多样，丰富多彩。教师要善于把小组合作学习中的不利因素降到最低限度，要高度关注"绩差生"在合作过程中的思想情况和参与情况，以及合作失败后可能产生的负面情绪，还要防止少数小学生可能受哥们义气等因素的影响，老喜欢几个人凑一组的不良倾向，要注意处理好合作学习与个别化教学相结合等问题。

第五，小组合作学习作为一种多维互动的教学过程和教学形式，如何在阅读教学中更好地灵活运用、不断完善，还需要我们去深入实践，不断探讨，才能使其在小学语文教学中发挥更大作用。

参考文献

［1］中华人民共和国教育部. 义务教育语文课程标准［S］. 北京：北京师范大学出版社，2011.

［2］王晓辉. 新课程：语文教育怎样改革［M］. 成都：四川大学出版社，2003.

［3］叶圣陶. 叶圣陶语文教育论文集［C］. 北京：教育科学出版社，1980.

［4］裴娣娜. 发展教学论［M］. 沈阳：辽宁人民出版社，1998.

［5］程培杰，李岩. 小组合作学习的方式对当前我国教学组织形式改革的启示［J］. 中小学教师培训，2001（2）.

［6］王鸣迪. 谈帮助型合作学习的一个基本要素［J］. 教育研究与实验，2000（4）.

［7］徐莉. 浅谈小组讨论［J］. 中小学教师培训，2001（4）.

小学 1~3 年级儿歌教学的原则及途径

阅读提要：儿歌在儿童的成长过程中有很重要的作用。根据小学 1~3 年级小学生主要以无意注意为主、求知欲和好奇心强烈以及想象力丰富和思维活跃的特点，儿歌教学应坚持学习语文与认识事物相统一、激发趣味与发展思维相结合、口语训练与思想教育相统一等基本原则；具体的儿歌教学则应采用增强朗读的趣味性、灵活运用教学手段、读写结合、注重运用等方式组织教学，以此来提高小学 1~3 年级阶段儿歌教学的质量和效率。

一、引言

儿歌是采用韵语的形式编创，而且是比较适合婴幼儿聆听和吟唱的简短歌谣。它是儿童最早接触的文学样式。[1]21 世纪以来，九年义务教育小学阶段各种版本的语文教材中，编入了很多儿歌作品，怎样在新课程标准的理念下有效实施儿歌的教学？怎样激发学生学习儿歌的兴趣？怎样通过儿歌的教学来促使学生的综合素养不断提升？对于小学语文教师及小学语文教育研究者来说，这些都是亟须思考和回答的问题，也是不容回避的挑战。

与此不相适应的是，虽然小学语文教材中编入了大量的儿歌作品，但老师们对这类作品（课文）的重视程度却没有相应提高。2015 年 9 月至 12 月，我们有机会走进曲靖市、昭通市等地的五所小学全程随堂聆听了 15 节儿歌教学课，发现在整个教学过程中，教师的教学方法比较单一，既不能充分调动学生学习的积极性，也不能充分激发他们的学习兴趣（一般而言，孩子们对儿歌这种文学样式都比较喜欢，充满了强烈的求知欲望和学习的好奇心），有的老师甚至对儿歌的基本特征、儿歌教学的基本原则都不太熟悉。

　　文献查阅、梳理发现，日本、美国、德国和韩国等发达国家的儿歌存量很大，对儿歌的教学方法也有一定的研究。比如，李晴发表的《儿歌在美国初级阶段汉语教学中的应用及教学效应》一文中说，儿歌在汉语教学中具有重要作用，可让学生对汉语学习产生浓厚的兴趣，使学生学习成绩得到提高，基于此，美国汉语教师提出了寓教学于游戏的儿歌教学方法。

　　实际上，我国的儿歌资源不仅存量更大，而且内容十分丰富；近年来研究儿歌教学方法的文献也很多。比如，王国武的《浅谈儿歌教学》一文，讨论了提高儿歌教学效果的五个途径，分别是：反复诵读体会儿歌的音韵美；深入分析理解儿歌蕴含的情趣美；通过表演艺术再现儿歌之美；充分发挥多媒体技术在儿歌教学中的作用。另外，还有许多语文教育研究者和一线教师从不同角度探究了小学语文教材中儿歌的内容及儿歌的教学方法等问题，我们在此不做过多赘述。

　　鉴于上述种种原因，我们采用查阅资料、实地调研、观摩教学、随堂听课、面对面访谈等方式，专门对小学语文一年级至三年级教材中的儿歌教学到底应该怎么组织实施这一问题进行了专门研究，取得了一些成果。在此，拟重点对这一阶段的儿歌教学的基本原则和主要途径进行一些粗浅的阐述。

二、儿歌的教育意义

儿歌是最基本、最古老、最有魅力的儿童文学形式。可以说，我国是一个儿歌大国，我国的传统儿歌数量之多、内容之丰富、表现之广泛可能在全世界都是独一无二的。伴随着中华文明的世代传承和不断创新，近代以来，儿歌已成为我国文学长廊中尤其是儿童文学中不可缺少的重要样式，并日益受到关注和追捧。

一般地讲，优美的儿歌普遍具有和谐、柔美、温馨、欢快、简洁等审美特征。也就是说，儿歌符合儿童生理和心理成长的需要。富有韵律、单纯浅显是儿歌的主要特点。篇幅简短、易学易唱是儿歌的第二个鲜明特点。儿歌的第三个特点是节奏明快、富有音乐美。儿童对富有音乐感、节奏明朗、生动活泼的儿歌有天生的强烈兴趣，他们往往能在吟唱优美的儿歌作品的过程中，感受到愉悦、欢乐等情趣，从而进一步激发或者说激活其学习语言的主动性和创造性，从而促使其健康成长。

从儿童教育的角度看，儿歌具有很多作用。培养高尚的审美情感，培养向上向善的审美情趣，启迪审美心理和审美智慧的发展，培养儿童的审美想象力和创造力，帮助儿童训练语音、发展语言、提升语言的表达能力，这些都是儿歌具有的教育价值和教育作用。

我们通过梳理人教版小学语文教材发现，小学 1~3 年级阶段出现大量的儿歌。这些儿歌篇幅短小、内容简单、主题单纯、节奏明快，比较适合小学 1~3 年级小学生身心发展的需要。蒋风先生在《幼儿文学教程》一书中说过，"儿歌是最具有'人之初文学'意义的文体，是人一生中最早接受的文学样式"[2]。小学 1~3 年级的孩子们学习儿歌的积极性很高，能准确朗读且能长期记忆，如果长时间的积累，他们的口语表达能力和行为习惯都会有所变化，这也在一定意义上说明了儿歌在小学 1~3 年级阶段具有重要的教育意义。

小学 1~3 年级阶段是语言发展的关键期，抓住这个关键期对他们进行规范的语言训练是很有必要的。一年级的儿歌主要用来辅助学习汉语拼音，节奏感较强，教师在指导孩子们多次朗读儿歌之后，能帮助他们正确认读汉语拼音，矫正他们的发音，并进一步训练口语表达能力。二、三年级的儿歌在内容上比一年级更为丰富，主题也较为深刻，这样学生在朗读学习之后，不仅可以提高他们的阅读能力，也能提高他们的口语表达的严谨性和逻辑性。另外，儿歌还可以用来培养孩子的行为规范及良好习惯。例如，通过学习动物类儿歌初步形成爱护和保护动物的意识、通过学习劳动类儿歌培养勤洗手的习惯等。也就是说，儿歌是重要的教育资源，引导儿童大量阅读儿歌，会对他们的思想和行为起到潜移默化的熏陶作用。

三、小学 1~3 年级语文教材中的儿歌分析

我们统计发现，人民教育出版社出版的义务教育阶段的小学语文课程教材，共有儿歌 38 篇，其中一年级 22 篇，二年级 7 篇，三年级 4 篇，还有 5 篇分散在其他年级的教材中；四、五、六年级教材编入的则主要是各种诗歌作品。统计表明，小学 1~3 年级阶段的儿歌数量占整个小学阶段的 85%，可见儿歌在小学 1~3 年级语文教材中的重要性。

《义务教育语文课程标准》明确规定："汉语拼音教学要尽可能有趣味性，宜多采用活动和游戏的形式，应与学说普通话、识字教学相结合，注意汉语拼音在现实生活中的运用"。[3] 人教版小学语文教材的编写严格遵循了"课程标准"提出的原则，小学 1~3 年级的

儿歌主要就是用来辅助学习汉语拼音和训练语言，它的篇幅简短、内容浅显、语言活泼、描写生动、富于情趣，对孩子们来说是最好的精神食粮，小学生通过诵读这些儿歌来学习汉语拼音就会使学习本身变得轻松、有趣，激发他们的学习热情。与儿歌相比，出现在小学四、五、六年级教材中的诗歌作品，内容更加广泛，主题更加深刻，语法更加复杂，学习起来比儿歌困难。但是，我们可以把对儿歌的诵读及其对相关内容的理解，看成是孩子们学习诗歌的前提和准备，因此教师在小学 1～3 年级重视并有效开展儿歌教学至关重要。

从儿歌教学实践的层面看，2015 年 1 月—2017 年 12 月，为了收集儿歌教学的第一手资料，也为了初步了解和掌握儿歌教学的现状，我们多次深入云南省曲靖市的三所小学（两所曲靖市市直属小学、一所曲靖市所属马龙区的小学），实地观摩了 15 位老师的儿歌教学课。下面，我们对其中一次印象比较深刻的儿歌教学案例略作分析，以便展开后面的讨论。

那堂课的教学内容是《拍手歌》。

你拍一，我拍一，保护动物要牢记。你拍二，我拍二，孔雀锦鸡是伙伴。

你拍三，我拍三，雄鹰翱翔在蓝天。你拍四，我拍四，天空雁群会写字。

你拍五，我拍五，丛林深处有老虎。你拍六，我拍六，黄鹂百灵唱不休。

你拍七，我拍七，竹林熊猫在嬉戏。你拍八，我拍八，大小动物都有家。

你拍九，我拍九，人和动物是朋友。你拍十，我拍十，保护动物是大事。

在那位教师的整个教学过程中，朗读部分占了课堂教学过程的三分之二，朗读的形式包括教师示范朗读、教师带读、全班齐读、自由朗读和指名朗读等。接下来，教师对儿歌内容进行了简单的讲解，讲解结束之后教师组织引导学生进入了边拍手打节奏、边朗读的环节，让小学生及时巩固，加深记忆，体会《拍手歌》那种强烈的节奏感。最后，教师进一步发挥，指导学生进行"拍手歌"的简单创编。

仔细分析发现，这堂儿歌教学课的优点是，多种朗读形式的灵活运用，让学生既能读准字音，又能流利准确地朗读儿歌。可以说，朗读是这节课的主要教学环节，也取得了一定的效果。存在的主要问题是，教师的示范性朗读环节少了些儿童情趣，过分端庄，甚至有些拿腔拿调，导致学生在自由诵读儿歌时也模仿老师的腔调和表情进行朗读，缺乏儿童应有的天真和情趣。另外，教师对儿歌内容的讲解显得有些随意，既不讲儿歌的主题（保护动物朋友），也不模拟和说明儿歌的鲜明节奏，而是过多地介绍动物的种类及不同动物的生活习性。这显然难以达成这堂课的教学目标，也引起了我们对儿歌教学的极大关注。

四、以人教版小学语文教材为例谈儿歌教学的原则

依据《义务教育语文课程标准》中"全面提高语文素养"的基本理念，语文教学的根本目的在于学习祖国的语言文字，提高学生的语言文字运用能力。儿歌因其具有独特的内涵和特别的教育意义，成为儿童学习祖国文字和提高语言能力的最好素材和资源。基于此思考，在遵循教育规律及儿童成长规律的前提下，怎样通过有效的学习儿歌来提高小学 1～3 年级学生的语言能力就成了一个需要面对

和解决的问题。

（一）学习语文与认识事物相统一的原则

一般而言，小学 1~3 年级的学生求知欲非常旺盛，对周围的一切事物有强烈的好奇心，尤其是对新知识比较乐意接受。儿歌不仅可以帮助他们开阔眼界、丰富知识，而且可以培养他们从小爱科学、学科学、用科学的品格。[4]但在现实生活中，教师对儿歌内容的讲解只局限于对课文内容的分析，相关知识的补充和课外知识的扩展很少涉及或涉及不够充分。比如，我们在上文中介绍过的二年级《拍手歌》的教学那堂课，是一篇有关保护动物的儿歌，三至八句分别写到了孔雀、锦鸡、雄鹰、大雁、老虎、黄鹂、百灵、熊猫等动物，二年级的小学生对这些动物了解很少，教师在教学中可以根据学生的实际情况适当地给同学们补充介绍这些动物的相关知识。但在实际的课堂教学实践中，教师的教学中似乎永远只有朗读，很少引导孩子们通过查找资料去认识这些动物，这样学生学完儿歌之后，除了朗读之外，往往只记住了"要保护动物"的空洞要求，至于为什么要保护这些可爱的动物则几乎没有概念。我们建议，教师在进行儿歌课文内容教学的同时，也要兼顾相关课外知识的扩展和补充，对儿歌的教学既要有趣味性，也要重视知识性；一方面要满足孩子们的求知欲望和好奇心，另一方面要培养他们爱学习、勤思考的好习惯。

（二）激发趣味与发展思维相结合的原则

对小学生来说，反差较大、对比鲜明、不断变化或者新异的事物往往容易引起他们的兴趣，越是低年级的学生学习更容易受到直接刺激的驱动。[5]小学 1~3 年级的学生天性喜欢快乐，有趣的课堂或儿歌容易激发他们的学习兴趣，没有趣味的儿歌就没有吸引儿童的力量，所以儿歌的教学要有一定的趣味性。教师的儿歌教学不应只局限于简单的朗读和讲解，可以加入视频播放、角色扮演、自由创作等环节，让学生在欢乐的气氛中进行学习；也可以创设轻松有趣的学习环境和学习氛围，使学生的想象力和发散思维得到最大限度的训练和提高。另外，小学1~3年级学生注意力大多集中在课堂的前二十分钟，如果教师在教学活动中不注重激发学生的兴趣，那么这节课的趣味性就不可能持续发展，教学效果就会打折扣。

（三）语言训练与思想教育相统一的原则

毫无疑问，语文课程主要致力于培养学生的语言文字运用能力，提升学生的综合素养；但也不能忽视学生正确的世界观、人生观、价值观的养成教育，更要承担起促使学生形成良好个性和健全人格的神圣使命。小学1~3年级的儿歌主要用来促使孩子们学习汉语拼音及训练、发展他们的语言；但需要注意的是，这些儿歌中同时还包含着遵规守纪、保护动物、爱护环境、热爱祖国等方面的思想内容。教师的教学一方面要通过有趣活泼的儿歌朗读来促使学生读准拼音，多识生字，不断积累自主开展口语表达训练及运用语言进行口语交际的资源；另一方面，要突出语文的工具性和人文性功能，把丰富有趣的儿歌内容作为对学生进行思想教育及审美熏陶的最好素材，利用孩子们可塑性和模仿性都很强的特点，从思想上和行为上对他们进行正确的教育和指导，使他们乐意接受并逐渐形成良好的个性，养成健全的人格。

五、提高儿歌教学质量的主要途径探析

上文论述表明，节奏明快、语言活泼的儿歌是小学低年级儿童

比较喜欢的一种文学样式，是重要的语文教育资源，它在儿童的成长过程中具有不可忽视的价值和意义。

（一）切实增强儿歌诵读的趣味性

显然，儿歌教学的主要方式就是要引导学生充分诵读儿歌，甚至背诵和编创儿歌；但需要注意的是，在具体的教学过程中，这种诵读不是单一的、枯燥的，而是应采用多种多样的教学方式和朗读方法，努力激发学生的学习兴趣，使儿歌的朗读教学本身成为充满趣味性的活动。这样，不仅能让孩子们感受到儿歌音韵和谐、节奏明快的特点，受到美的熏陶，还能让他们在愉快的学习氛围中轻松学习，幸福成长。也就是说，对小学1～3年级的学生而言，儿歌教学要切实增强朗读的趣味性，这一点至关重要。实际上，儿歌本身具有明显的娱乐性、游戏性等特征。教师如果巧妙地进行教学设计，让学生在游戏中学习朗读或者以游戏化的方式诵读儿歌，既可以让他们的身心得到放松，又可以取得更好的学习效果。例如，人教版小学语文教材第三册（二年级上册）的《拍手歌》等游戏类儿歌的教学，就可以组织学生两人一组一边玩拍手游戏一边诵读儿歌，这样做有利于彰显寓教于乐的教学要求，有利于促使学生熟记儿歌内容、了解相关知识以及积累词语，也有利于充分发挥学生在学习活动中的主体作用。

（二）巧妙设置提问提高教学效果

一般来说，小学低年级学生由于抽象思维、逻辑思维的发展还不充分，对某些学习材料还不能理解，因而主要采取机械记忆的方法来学习和背诵儿歌。[6] 在这一过程中，教师可以通过巧妙设置提问，引导或激发学生的学习兴趣，促使他们在思考、理解课文（儿歌）内容的基础上，强化记忆，提高学习效果。例如，人教版小学语文教材第一册（一年级上册）的第十课《比尾巴》这篇儿歌，第一节和第三节进行提问，第二节和第四节分别做出了相应的回答，如果教师只是采用重复朗读的方法，不增加趣味性，学生就会感到枯燥无味，对内容的理解也不是很深刻。如果采用师生互动学习、交流提问、一问一答等方法进行教学，就可以达到让学生在相互提问及回答的过程中理解内容、加深记忆并增强学习趣味的目标。另外，小学 1~3 年级的学生常常会不自觉地把自己内心的真实想法用肢体语言表现出来，同时他们的模仿表演能力也很强。如果教师在儿歌教学中，充分利用孩子们的这些特点，用提问的方式引导他们边表演、边朗读，或者让他们根据自己的理解把儿歌的内容用肢体语言表演出来，或者再以提问的方式让一部分同学用自己的语言把儿歌的内容复述出来，这样学生就会发挥他们的想象力积极进行表演和回答，既可以让表演者充分发挥，还可以让回答者集中思考、积极应对，对训练、培养学生的综合能力很有益处。

（三）灵活运用各种手段实施儿歌教学

语文教学历来被视为一个复杂的系统工程，字、词、句、篇互相制约，听、说、读、写互相促进，知、情、意、行互相依存。[7]要实现教学内容的相互统一，从而有效激发学生的学习兴趣，提高他们的综合素质，教学方法和教学手段的多样性起着至关重要的作用。比如，在实际的教学实践中，要改变当前的教学现状，切实提高儿歌教学的质量，灵活运用多种手段实施儿歌教学就是我们应该做出的必然选择。我国宋代著名教育家朱熹曾提出过通过"求疑"来读书的方法，认为读书必须经过从"无疑"到"有疑"、再从"有疑"到"无疑"的过程，才能获得长进。

一般而言，小学生读书，往往一读而过，很少用心去体会课文的妙处，更不会主动提问和"求疑"。针对这种情况，教师在教学过程中，要主动给学生提出问题，引导学生带着问题阅读、思考、分析和解决问题，从而深入理解课文。久而久之，就能提高学生的思辨能力和用自己的语言表情达意的能力。[8]人教版小学语文1～3年级的教材中，儿歌内容十分丰富，包含了反映日常生活、行为习惯、人文地理等主题作品，如果教师采用设问、提问等方式，引导学生通过自己的思考回答问题，就能促使学生养成勤于思考的好习惯。叶圣陶先生说过，"学生自己动脑筋，得到的东西格外深刻，光听老师讲，自己不思考，得到的东西就不太深刻"[9]。例如，教学人教版小学语文第三册（二年级上册）"语文园地一"的儿歌《秋天到》这首作品："秋天到，秋天到，田里庄稼长得好。棉花朵朵白，大豆粒粒饱。高粱涨红了脸，稻子笑弯了腰。秋天到，秋天到，园里果子长得好。枝头结柿子，架上挂葡萄。黄澄澄的是梨，红彤彤的是枣。"教师在教学开始时就可以向学生这样提问："同学们知道秋天的果实和庄稼有哪些吗?"或者"秋天的庄稼和果实都长什么样?"然后让学生带着问题阅读儿歌，认真思考之后再回答问题。接下来，教师进一步提问，引导学生带着自己的思考回到儿歌作品中去比较，看看自己的思考和回答跟儿歌中的描述有什么区别。这样的教学形式对提高学生的思辨能力很有好处。

陶行知老先生指出，"真正的教育必须造就能思索、能建设的人"[10]。小学1～3年级的学生想象力丰富，教师应针对这一特点，给学生创造想象的空间和机会，通过教材中的儿歌作品的学习，激发学生的创造性想象能力。比如，根据课文内容进行画面再现、指导学生续写儿歌等，让学生思维插上腾飞的翅膀。例如，人教版小学语文第一册（一年级上册）的儿歌《菜园里》，从颜色、形状等方面描写了各种各样的蔬菜。教师在教学实践中，可以让学生先自由想象，然后再根据课文内容创作一幅有关菜园的风景画。最终，学生创作的作品多姿多彩，让人目不暇接，教师会被孩子们惊人的想象力所震撼。

（四）读、写、编结合，有效推进教学

小学1~3年级的儿童，模仿能力都很强。[11]也就是说，教师要充分利用这个优势，把引导这个阶段的学生仿写、编创儿歌作为最重要的教学手段之一。首先，教师要抓住合适的契机，在孩子们已对某首儿歌作品相当熟悉且能背诵的基础上，鼓励他们大胆更换儿歌中的某些用词，当学生的学习积极性被充分调动起来之后，教师再进一步引导他们运用平时积累的语言和知识，适当地仿写和编创儿歌。在这一过程中，读、写、编三者要紧密结合，要突出训练学生能力这一教学目标，教师应随机进行必要的指导。这样，教师可能会惊奇地发现，这种教学方式不但能有效地推进教学，提高教学质量，而且能促使学生仿写、编创出较好的儿歌作品。教师的作用在于适当引领、善于诱导、启发思维、点燃火花。也就是说，学生在这一过程中变被动为主动、变接受为创新，进入了一个新的学习状态[11]，最终也就自然而然地收获了较好的教学成效。

六、结尾的几句话

首先，儿歌在儿童的成长过程中具有重要的教育价值。同时，编入小学语文教材中的儿歌内容浅显、描写形象、语言生动、音韵和谐、节奏鲜明、主题单纯、富有情趣，是培养小学生口语水平、交际能力、思维习惯及思想行为的重要教学资源。教师应根据1~3年级小学生主要以无意注意为主、求知欲和好奇心强烈以及想象力丰富和思维活跃等特点，充分利用儿歌的教学促使孩子们健康、快乐地成长。

其次，儿歌教学应坚持学习语文与认识事物相统一、激发趣味与发展思维相结合、口语训练与思想教育相统一等基本原则；具体的儿歌教学则应采用增强朗读的趣味性、灵活运用教学手段、读写编结合等方式组织教学，以此提高小学 1～3 年级儿歌教学的质量和效率。

最后，小学 1～3 年级的语文教学是促使儿童形成语文核心素养的基础和关键，意义重大。教师在实际的儿歌教学实践中，要进一步提高认识，积极改进教学方法，不断增强教学的趣味性，及时给学生补充相关知识，努力引导学生拓展课外学习的空间，尽量减少或避免儿歌教学中的错误做法，从而使学生真正学有所获，奠定坚实的语文学习功底。

参考文献

[1] 方卫平，王昆建. 儿童文学教程 [M]. 北京：高等教育出版社，2004.

[2] 蒋风. 幼儿文学教程 [M]. 郑州：郑州大学出版社，2008.

[3] 中华人民共和国教育部. 义务教育语文课程标准 [S]. 北京：北京师范大学出版社，2011.

[4] 蒋风. 新编儿童文学教程 [M]. 杭州：浙江大学出版社，2013.

[5] 林海亮，杨光海. 教育心理学 [M]. 北京：北京师范大学出版社，2012.

[6] 彭小虎. 小学生心理辅导 [M]. 上海：华东师范大学出版社，2012.

[7] 白金声. 小学语文教学新体系 [M]. 北京：教育科学出版社，2012.

[8] 韦志成. 语文教学情境论 [M]. 广西：广西教育出版社，1993.

[9] 叶圣陶. 叶圣陶教育箴言 [M]. 福州：福建教育出版社，2013.

[10] 何国华. 陶行知教育学 [M]. 广州：广东高等教育出版社，2002.

[11] 陈育辛. 教育学新编 [M]. 上海：上海教育出版社，1987.

后　记

　　阅读和研究理应成为语文教育工作者的生活习惯。习惯需要天长日久才能养成。对小学语文教师来说，怎么才能促使孩子们不断提高语文能力和阅读水平呢？答案或许有几十个，但最重要的还是四个字——言传身教。语文教师更应该远离那些不健康的生活和休闲方式，捧起书本，给孩子们做出阅读示范；引导和带领孩子们从小与文学经典亲密接触，让文学经典成为他们孩提时代最知心、最可靠、最温暖的伙伴。

　　如果说阅读是点亮心灯的重要途径，那么作为一个视阅读和研究为生命的读书人，笔者愿意与小学语文教师和天真活泼的孩子们一起打开语文教材，一起阅读文学经典，一起探寻语文学习的无限魅力。或许，这就是笔者呕心沥血地撰写本书的初衷。

　　在本书的写作过程中，笔者始终坚守三点追求：一是为小学语文教师的语文教学实践提供一些指导和帮助；二是为引导少年儿童甚至师范院校小学教育、语文教育等相关专业的在校大学生学好语文、研究语文提供一些案例；三是通过对小学语文教学实践的总结提升，激发语文教师及少年儿童的学习自信，促使其在语文学习与语文教育的实践中碰撞出更耀眼的火花。

显然，笔者的理想与现实之间还存在较大的距离。但不管怎样，我始终相信，山峰再高，只要努力，总有一天能够登顶；阅读和研究再难，只要长期坚持，终有一天会成为习惯。

这本书的内容是笔者多年阅读、研究、指导小学语文教育的心血积累。有的内容曾先后在不同的学术刊物发表，有的则是最新研读的收获。概括起来讲，这是一个不太成功的语文教育爱好者阅读和研究小学语文教育获得的感悟，是深度切入语文教育实践之后铢积寸累地从中挖掘出来的宝贝。它或许不够完美，但自然、真诚，试图跟一切热爱语文教育的人们以心换心，平等交流。

显然，一方面因为水平有限，用心不够，研究不深；另一方面因为精力不够集中，出版时间紧迫，本书的很多内容还显得有些粗糙，很多观点还有待进一步推敲，甚至有的地方还可能存在谬误。不过，木已成舟，只能恳请广大读者毫不留情地指出来，留待以后再修订改正！

需要说明的是，本书是云南省教育厅资助课题"基于统编小学语文教材的国培项目实施研究"的成果之一，也是曲靖师范学院硕士学位授权建设项目"教育硕士（小学教育）"方向建设取得的研究成果之一。

感谢为本书的出版提供指导和帮助的所有热心人士！

感谢曲靖师范学院和知识产权出版社所有领导、编辑及有关专家、老师给予的大力支持！